高校田径运动教学与训练研究

陈 超◎著

中国戏剧出版社
CHINA THEATRE PRESS

图书在版编目（CIP）数据

高校田径运动教学与训练研究 / 陈超著 . -- 北京：中国戏剧出版社，2023.9
ISBN 978-7-104-05407-8

Ⅰ．①高… Ⅱ．①陈… Ⅲ．①田径运动—教学研究—高等学校②田径运动—运动训练—教学研究—高等学校 Ⅳ．① G820.2

中国国家版本馆 CIP 数据核字（2023）第 187339 号

高校田径运动教学与训练研究

责任编辑：高　峰
项目统筹：周忠建
责任印制：冯志强

出版发行：	中国戏剧出版社
出 版 人：	樊国宾
社　　址：	北京市西城区天宁寺前街 2 号国家音乐产业基地 L 座
邮　　编：	100055
网　　址：	www.theatrebook.cn
电　　话：	010-63385980（总编室）　　010-63381560（发行部）
传　　真：	010-63381560

读者服务：010-63381560
邮购地址：北京市西城区天宁寺前街 2 号国家音乐产业基地 L 座

印　　刷：	天津和萱印刷有限公司
开　　本：	787mm×1092mm　1/16
印　　张：	11.75
字　　数：	210 千字
版　　次：	2024 年 1 月北京第 1 版第 1 次印刷
书　　号：	ISBN 978-7-104-05407-8
定　　价：	72.00 元

版权专有，违者必究；如有质量问题，请与出版社联系调换。

前　言

　　田径是一项十分复杂的运动项目，它的组成内容丰富多彩，包括径赛、田赛、公路赛、竞走、越野跑和山地赛跑等。田径活动内容离不开人类的基本活动，人类基本活动的形式多种多样，想要明确田径的边界非常困难，因此必须要理解田径的本质与核心。

　　田径运动的内涵复杂而庞大，田径运动并不是只包含我们熟知的竞技性运动，因此在审视田径运动时不能仅从竞赛这单一的方面看。田径运动的定义是包含田径竞赛的，但竞技并不是田径的最终目的，在学校体育与社会生活中，田径运动经常发挥着无法取代的作用，他能帮助学生保持身体健康、提高身体素质、磨炼学生的意志，也能帮助学生了解体育文化，因此要全面地看待田径运动。

　　随着当今竞技运动水平的迅猛发展，要在竞争日益激烈的世界竞技舞台上占有一席之地，必须开辟运动训练科学化的发展道路。竞技运动训练的科学化具有丰富的内涵。多学科知识不断地渗透到运动训练活动中来，不仅专业化程度不高的教练员无法胜任训练实施者的工作，而且那些已经掌握某一竞技运动项目精深的训练理论和一系列有关科学理论知识，并有丰富经验的教练员也逐渐难以单独地胜任训练实施者的工作了。这从客观上要求更多的专业人员加入运动训练实施者的队伍中来，即运动训练的科学化发展要求运动训练的专业化程度不断提高。

　　运动训练的专业化程度不断提高的具体体现之一就是训练工作的精确分工的出现，运动训练的各项具体工作必须由专业的人员来完成，且需要在系统观的指导下相互协同产生合力。

　　随着社会的发展，新的社会要求也对运动训练提出了新的要求，将其他科学内容如物理学、生物学与运动训练相结合，达成的运动训练科学化是使运动训练专业化提高的源泉。运动训练专业化不断提高，也会推动运动训练更加科学。想要了解运动训练科学化是否提高，那么运动训练站程度是其中的重要内容。

　　时代要求高校应不断发展田径在实践中的应用内容，使学校田径教学与田径理论结合的内容更加丰富，把握田径运动教学与训练的发展趋势，拓宽学生的视野，最大限度地满足学生学习田径运动的需求。教师应从多方对田径的教学与训练的共同要求与区别进行讨论，结合经验提出更多理论服务于田径教学和训练注重理论与实践的结合，突出实用性，更好地帮助学生运用田径运动教学、训练理论与方法解决教学、训练中的问题和困难。

在教学方面，田径运动教学是围绕体育课程标准中提出的有关学习领域而开展的。学生获得田径运动知识、技术和技能仍然是教学主线，使学生掌握田径运动的基本知识、技术和技能以达到增强体能的目的。同时，掌握田径运动知识和技能是锻炼的基础，也是学生开展体育锻炼的过程。本书阐述了田径运动教学目标和田径运动的教学本质，针对各个项目的教学进行了设计，制订了教学的实施方案。主要突出教学的重点和难点，根据教学内容选择合理的教学方法和手段，针对常见的错误动作提出纠正的方法。本书强调在田径教学中要处理好田径运动教学与学生全面发展的关系；处理好掌握知识技能的教学与社会适应目标的关系；处理好掌握知识技能教学与发展学生身心健康的关系。

在训练方面，田径运动训练方法的选择、训练计划的制订和实施可以说是教练员的基本功。了解训练计划、执行训练计划是对运动员的基本要求。一份科学的训练计划是帮助教练员有效提高运动员运动成绩的重要基础。对田径运动训练进行探讨，研究其训练结构的特点，阐明田径运动训练的手段和方法，制订训练计划的理论依据，对运动员的训练具有重要的意义。

在撰写本书的过程中，作者得到了许多专家学者的帮助和指导，参考了大量的学术文献，在此表示真诚的感谢。由于作者水平有限，书中难免会有疏漏之处，希望广大同行及时指正。

陈 超
2023 年 3 月

目 录

前　言 1

第一章　田径运动教学与训练概述 001
第一节　田径运动的概述 002
第二节　田径运动教学的基本知识 010
第三节　田径运动训练的基本知识 015

第二章　田径运动体能训练 023
第一节　田径运动力量训练 024
第二节　田径运动速度素质训练 036
第三节　田径运动耐力训练 041
第四节　田径运动灵敏素质训练 044
第五节　田径运动柔韧素质训练 049
第六节　田径运动运动协调能力训练 058

第三章　田径运动中走跑类项目的教学与训练 063
第一节　竞走的教学与训练 064
第二节　短跑的教学与训练 073
第三节　中长跑的教学与训练 083
第四节　接力跑的教学与训练 093
第五节　跨栏跑的教学与训练 099

第四章　田径运动中跳跃类项目的教学与训练 109
第一节　跳高的教学与训练 110
第二节　跳远的教学与训练 118

         第三节　三级跳远的教学与训练 128
         第四节　撑竿跳高的教学与训练 135

第五章　田径运动中投掷类项目教学与训练 145
　　第一节　推铅球的教学与训练 146
　　第二节　掷标枪的教学与训练 153
　　第三节　掷铁饼的教学与训练 162
　　第四节　掷链球的教学与训练 170

参考文献 177

第一章

田径运动教学与训练概述

田径运动与我们生活息息相关，在丰富的运动中，它也是历史最为悠久、被人们最为接受的运动之一。本章主要介绍的内容为田径运动教学与训练概述，由三个部分分别介绍了田径运动的概述、田径运动教学的基本知识、田径运动训练的基本知识。

第一节 田径运动的概述

田径运动是综合性运动,它并不是一项单独的运动,而是由多个单项运动共同组成的,各个单项运动从不同的方面反映出人身体的运动能力,其他运动或多或少都需要以田径为基础,田径可以反映多种人体指标,因此田径也经常被用来反映一个国家或地区的综合运动能力。在各种级别的运动会上,田径往往都是主旋律。无论在奥运会还是亚运会上,田径运动都是金牌数目最多的项目,因此田径强国总是能取得非常好的成绩。世界体育强国都将田径项目放在基础的战略位置,我国田径运动近几年也有很大的突破,但与世界体育强国相比仍相差甚远。田径运动的发展,对提高国家体育事业具有重大的意义。

田径运动同其他一切运动项目一样,都具有双重属性。一是竞技属性;二是锻炼身体的属性。竞技时追求的是运动成绩,对场地、器材有严格的规定与要求;锻炼身体时的目的是增强体质、促进健康,根据不同人的情况可采用不同的运动形式与方法。除此之外,对从事田径运动的青少年来说,还有娱乐和终身体育的作用。

一、田径运动的起源

英美等国将田径运动称为 track and field。其中 track 的意思是小路、路径、道路,而 field 的意思是田野、草地,这样人们就很自然地将其翻译成了"田径"。后来,人们把田径场中间或临近场地上进行竞赛或锻炼身体的跳跃和投掷的练习称之为"田赛项目",而把在田径跑道上或一般道路上进行竞赛或锻炼身体的走与跑的运动训练或者竞赛称为"径赛项目"。在我国习惯根据计算成绩的方式不同将田径运动进行划分,"田赛"项目是以高度和远度为计算成绩标准的项目,比如跳跃和投掷类项目;"径赛"项目是以时间为计算成绩标准的项目总称,比如走或跑类的项目。两者合在一起称为"田径运动"。

田径运动作为一种以走、跑、跳跃、投掷等为练习形式的运动,是锻炼身体的良好手段，同时也是奥林匹克运动会主要的竞技项目。随着时代的发展，人们对于运动的要求也发生了变化，竞技体育和大众健身已然发展成人们最需要、最为追求的主体运动，在这种变化下，田径项目多种多样带来的丰富内涵，便使田径项目在人们心中越走越深。尽管田径运动是竞技场上的重要组成部分，但从其发展历史来看，田径的功能与需要远不仅仅只存在于赛场上，田径作为一项运动的最基本功能未曾发生过改变，可以说田径作为运动的本质并没有发生改变，变化的是它功能发挥的范围。在现代社会，人们日新月异的生活使田径在人们生活中充当着更多种的角色，当人们想强身健体、磨炼意志、保持健康甚至与人交往时，田径运动依然是人们的重要选择。因此需要更加全面地了解田径运动，进一步拓宽田径在生活中的作用。

在远古时代，人们过着捕食的生活，与其他肉食类动物一样需要依靠强劲的身体素质去获得更多的生活资料，为此人们需要跑得更快，跳得更高，将武器丢得更远更准才能捕获更多的猎物，才能更好地生存下去。在人们长期的捕猎活动与生产劳动过程中，人们对于跑、跳、投这类技能越发熟悉，并发现在捕猎与生产中不断使用这些技能，最终会强化这些技能。为了获得更多的生活物资，人们开始有意识地练习这些跑、跳、投的动作，这就是田径运动项目的雏形。

田径起源非常早，早在公元前776年举办的第一届古代奥运会上，就有了短跑项目的身影，也就是从那时起，田径运动成为正式的比赛项目之一。公元前490年，希腊战胜了波斯，为了将这个消息快速传回雅典城，希腊士兵斐迪庇第斯从马拉松徒步跑回了雅典，在成功传达了胜利消息后，他也因身体疲惫不堪光荣地死去了，为了纪念这位士兵，人们设立了马拉松比赛。

第一批职业赛跑选手在18世纪初期出现在英国，人们对于这些职业赛跑选手表现出了极度的喜爱。1894年，在法国巴黎成立了国际奥委会。1896年第一届现代奥运会上，举行了从马拉松跑到雅典的比赛。这届大会中，田径项目不止于此，跑、跳、投均被人们视为这次大会的重要项目。在迄今为止已举办的各届奥运会上，田径一直作为奥运会的主旋律之一充当着重要的比赛项目。

跳远项目的出现时间也非常早，在公元前8世纪的古希腊奥运会上跳远运动便已出现。现代跳远起源于英国，在19世纪得到迅速的发展。在雅典举办的第一届现代奥运会中，跳远成为正式项目。三级跳项目起源于日耳曼人和凯尔特人在古代所运用的跳跃方式，在古代凯尔特人的运动会中，三级跳便已经作为比赛项目。它由跳远发展而来，经过一定的变化，并且进行多次跳跃形成了三级跳项目。三级跳运动深受人们的喜爱，最终在爱尔兰和苏格兰发展出了现代的三级跳。之后，越来越多的人参与到三级跳这项运动中来，也使得三级跳出现了各种不同的流派。

投掷铁饼的起源同样古老，早在公元前708年的古代奥运会中，五项全能项目（赛跑、跳跃、投盘、投标枪和摔跤）中的"投盘"便是投掷铁饼项目的早期形式，只是由于时代因素，那时还没有使用金属的铁饼，投掷的是石制的圆盘。

相比于跳远和投掷铁饼，铅球比赛的起源要晚很多，它并没有出现在古代奥运会中。铅球比赛早期是由士兵们投掷炮弹的比赛演变而来的，当时的士兵们在日常训练中发现投掷炮弹是很好的增强实力的训练项目，便经常进行比赛，最终形成铅球比赛，时至今日铅球比赛中依旧保留了当时士兵投掷炮弹的重量，即在铅球比赛中采用同当时炮弹重量相同的重为7.26 kg的铅球。同样起源较晚的还有链球比赛，此项目由英国的一些铁匠在日常生活中进行的投掷锤子的活动演变而来。19世纪时，英国一些大学生开始在校园里进行早期的链球项目，之后他们把锤子的木柄换成了铁柄，随后经过实践发现钢链更加合理，最终换成钢链。现代运动会将跳高作为一项正式的比赛项目是从爱尔兰和苏格兰开始的，早在1800年，跳高便已经作为苏格兰正式比赛的项目了。在英国的牧羊人当中，曾经流行过一种跨栏游戏，这种跨栏游戏最终演变成现代的跨栏跑项目。跨栏跑项目深受群众的喜爱，1864年跨栏跑项目便已经作为正式的比赛项目出现在牛津、剑桥的第一届校际对抗赛当中。撑竿跳的历史悠久，它是由人们借助投枪或撑竿跨越过水沟、高墙这样的障碍物活动中演变而来的。撑竿跳在爱尔兰非常流行，直到公元554年举办的最后一届塔里蒂安运动会，撑竿跳一直作为此运动会的正式项目。随着撑竿跳的发展，之后此项运动风靡苏格兰和英格兰。此后，在1866年撑竿跳项目被列为正式竞技运动会项目。

田径项目历史悠久，内容丰富，在第一届现代奥林匹克运动会中便已经作为核心项目，共有12个男子田径运动项目出现在当时雅典的赛场上，它们分别为100 m、110 m栏、400 m、800 m、1 500 m、马拉松、跳远、三级跳远、跳高、撑竿跳高、铅球和铁饼，这些项目代表性强，现代奥林匹克的格言："更快、更高、更强。"[①] 在这些项目中体现得淋漓尽致。

---

① 任海：《奥林匹克运动》，人民体育出版社2005年版，第138页。

二、田径运动的分类

将田径运动分类是更好地了解它的基本存在形式的基础。对田径运动进行分类，可根据它的项目特征、竞赛场地（室内或室外）以及参加者的性别、年龄等情况进行不同的分类。田径运动的项目较多，一般来说，各国都依本国的实际情况进行分类，在这里将田径运动分为实用田径运动项目和竞技田径运动项目两大类。

（一）实用田径运动项目

1. 自然环境中的田径运动

自然环境中的田径项目是指人们在自然环境当中或者是人为制造的自然环境中，克服这些自然环境带来的困难，在其中进行跑、走、跳、投等活动的项目。这类项目体现了人积极克服自然困难的高贵品质，是评价身体能力的重要指标，也成了人类的必备生活技能。

（1）自然环境中田径项目的特点。第一，自然环境中的田径需要自然环境的参与，其环境可以是自然形成也可以是人为布置，这类项目应当在户外或者野外进行；第二，自然环境中的田径运动是反映人身体能力的运动，这类运动具有高实用性，人们往往通过一些器材和合理的场地应用，加强自然环境中田径运动的效果，使生产生活技能得到提升；第三，自然环境中的田径运动的竞技性不高，主要内容与人们日常生活息息相关，此类田径运动往往不是以竞技为目的，人们进行此类运动主要以陶冶情操、强身健体、坚定意志甚至是人际交往为目的；第四，自然环境中的田径项目大多起源于人们日常的生产生活中，此类项目内容丰富多彩，与生活技能息息相关，不仅易激发大众的兴趣，同时还有简单易懂、容易普及的特点。

（2）自然环境中田径运动的功能。第一，自然环境中的田径运动与生活息息相关，进行此类运动能够对生产生活中的能力进行提升，使人们更好地适应社会享受自然，最终达到提升自己的目的；第二，自然环境中的田径运动往往伴随着一定的困难，但由于自然环境中的田径运动的特点，使得这些困难往往不是不可战胜的，需要努力克服这些困难，在这个过程中这些田径运动可以帮助人们锻炼自己的意志，获得永不言弃、敢于拼搏的高尚品质；第三，自然环境中的田径运动往往专业性不高，简单易懂，因此可以在工作之余同其他亲朋好友一起进行此类运动，即使亲朋好友没接触过也可以迅速学会，这样不仅可以在工作之余放松心情，还可以提高自己的人际关系；第四，自然环境中的田径运动不单单锻炼身体，还能启发智力，提高反应能力，提高随机应变的能力。

2. 健身性田径运动

健身性田径运动是以走、跑、跳、投为手段，以增进健康、增强体质、推迟衰老为目的的身体运动。因为它是人的基本活动技能，其实施要求和难度较田径竞技运动要低得多，所以可为不同年龄和不同性别的人们所接受，是一种有效的全民健身运动的项目和手段。根据运动进行的方式以及人体对运动的活动方式的不同，一般把田径健身运动分为健身跑、健身走、健身投、健身跳四类。

3. 趣味性田径运动

趣味性田径运动的划分并不统一，人们往往将趣味性田径运动划分为跑、跳、投和综合四类。国际田径联合会（以下简称国际田联）按照一般田径运动的划分，将众多趣味田径项目分为田赛和竞赛。雅加达作为国际田联的发展中心，根据国际田联推广计划，2000年在东南亚曾推出了一套趣味田径运动教材，分为跑、跳、投三大类。同为田联发展中心的北京则将趣味田径运动的推广项目划分为走跑类、跳跃类、透支类和全能类四类。除了国际田联的划分，人们也往往按照活动提升人们对应的能力将其进行划分，比如将其划分为速度、力量、耐力、柔韧、协调等五类。

（二）田径竞技的项目

田径竞技运动项目主要包括竞走类（见表1-1）、跑类（见表1-2）、跳跃类（见表1-3）、投掷类（见表1-4）以及由跑、跳、投部分项目组成的全能运动类（见表1-5）五类。

表1-1 竞走类

单位：m

类别	成人		少年			
	男子	女子	男子甲组	男子乙组	女子甲组	女子乙组
场地	20 000 50 000	5 000 10 000	5 000 10 000	3 000 5 000	5 000 10 000	3 000 5 000
公路	20 000 50 000	10 000 20 000	—	—	—	—

表1-2 跑类

类别	成人		少年			
	男子	女子	男子甲组	男子乙组	女子甲组	女子乙组
短距离跑	100 m 200 m 400 m	100 m 200 m 400 m	100 m 200 m 400 m	60 m 100 m 200 m	100 m 200 m 400 m	60 m 100 m 200 m
中距离跑	800 m 1 500 m 3 000 m	800 m 1 500 m 3 000 m	800 m 1 500 m	400 m 800 m 1 500 m	800 m 1 500 m	400 m 800 m 1 500 m
长距离跑	5 000 m 10 000 m	5 000 m 10 000 m	3 000 m 5 000 m	3 000 m	3 000 m 5 000 m	3 000 m
超长距离跑	马拉松（42195）	马拉松（42195）	—	—	—	—
跨栏跑	110 m栏（栏高1.067 m） 400 m栏（栏高0.914 m）	110 m栏（栏高1.067 m） 400 m栏（栏高0.914 m）	110 m栏（栏高1.067 m） 200 m栏（栏高0.914 m） 400 m栏（栏高0.914 m）	100 m栏（栏高0.914 m） 200 m栏（栏高0.762 m） 300 m栏（栏高0.84 m）	100 m栏（栏高0.84 m） 200 m栏（栏高0.762 m） 400 m栏（栏高0.762 m）	100 m栏（栏高0.84 m） 200 m栏（栏高0.762 m） 300 m栏（栏高0.762 m）
障碍跑	3000 m	—	—	—	—	—
接力跑	4×100 m 4×400 m	4×100 m 4×400 m	4×400 m	4×400 m	4×400 m	4×400 m
公路赛和越野赛	包括马拉松在内的公路赛以及由大会决定的各种距离不等的公路赛和越野赛					

表1-3 跳跃类

类别	成人		少年			
	男子	女子	男子甲组	男子乙组	女子甲组	女子乙组
高度	跳高 撑竿跳高	跳高 撑竿跳高	跳高 撑竿跳高	跳高	跳高	跳高
远度	跳远 三级跳远	跳远 三级跳远	跳远 三级跳远	跳远	跳远	跳远

表 1-4 投掷类

单位：kg

类别	成人		少年			
	男子	女子	男子甲组	男子乙组	女子甲组	女子乙组
推铅球	7.26	4	6	5	4	3
掷标枪	0.8	0.6	0.7	0.6	0.6	0.5
掷铁饼	2	1	1.5	1	1	1
掷链球	7.26	4	6	5	4	3

表 1-5 全能运动类

组别	项目	内容和比赛顺序
成人男子	十项全能	第1天：100 m栏、跳远、推铅球、跳高、400 m 第2天：110 m栏、掷铁饼、撑竿跳高、掷标枪、1 500 m
成人女子	五项全能	跳远、掷标枪、200 m、掷铁饼、1 500 m
成人男子	七项全能	第1天：100 m栏、推铅球、跳高、200 m 第2天：跳远、掷标枪、1 500 m
少男甲组	七项全能	第1天：110 m栏、跳高、掷标枪、400 m 第2天：掷铁饼、撑竿跳高、1 500 m
少男乙组	四项全能	第1天：110 m栏、跳高 第2天：掷标枪、1 500 m
少女甲组	五项全能	第1天：100 m栏、推铅球、跳高 第2天：跳远、800 m
少女乙组	四项全能	第1天：100 m栏、跳高 第2天：掷标枪、800 m

三、田径运动的价值

田径运动对于人的全面发展有着重要作用，不仅能够强身健体，更是有着多种隐性功能，因此无论是在学校的体育教育中还是大众的体育活动中，田径运动均有着不可替代的作用。以下介绍田径运动的价值。

（一）田径运动的健身价值

在现代社会中人的健康不只肉体上的健康，还包括心理健康、道德健康等适应能力，人想要健康不仅需要正常劳作活动，抵抗疾病，还需要与他人正常交往，拥有坚毅的品质、良好的精神状态等。田径运动可以使人强身健体，肌肉、骨骼连同大脑共同发展，达到身体上的健康标准，更能在提高心理素质、促进与人交往、稳定自己的情绪等方面起到至关重要的作用。因此田径运动可以从身心两方面使人拥有健康。

跳跃需要极高的爆发性，它是人体用时最短的高强度肌肉运动，跳跃运动不仅可以使肌肉和骨骼得到锻炼，同时也锻炼了反应能力和对身体的控制能力，最终达成身体的全面发展。

投掷项目可以增进人体的多方面能力，它需要人体多个器官共同参与，比如最基本的锻炼肌肉和爆发能力。除此之外，它还可以对人的精准能力和协调能力进行发展，同时，投掷运动还是提高神经反射能力的好机会。

长距离的竞走或跑步可以全面促进人体的能力发展，长距离运动是有氧运动，需要消耗大量的氧气，可以达到减肥的效果。除此之外，长距离竞走或跑可以锻炼人的心肺功能以及人的意志力，培养永不言弃的品质。

短跑是无氧运动，它同样拥有爆发性，可以提升神经系统的灵敏程度。短跑还可以提高人体的最大摄氧量，提升人体氧气系统的活性，加速自身的代谢水平，是提高自身快速运动水平的不二之选。

（二）田径运动的教育价值

田径运动是学校体育教学的基础项目，它对学生的全面发展起到至关重要的作用。田径运动不仅使学生强身健体，学生更可以通过田径训练，养成挑战自我，不轻言放弃的优秀品质，更加清晰地认清自我，使学生获得独立自主的发展。它还可以培养学生的兴趣，使学生获得全面发展。因此田径运动是学校体育教学内容的重要组成部分。田径运动对成年人也具有同样的效果，在终身教育中也有着举足轻重的地位。

田径运动的教育价值体现在以下5个方面。

（1）田径运动有着专业的组织模式，并在规则和要求中严格执行。学生需要通过自己的努力来达成目标，而这些目标又与集体目标绑定，这样通过田径运动不仅提高了学生个人的身体能力，同时还增进了学生的集体荣誉感。

（2）田径运动有着简单易懂的特点，但是在体育课程中，学生往往很快就能掌握运动要领，之后便是伴随着大量的、重复的练习，这些内容难免使学生产生枯燥、乏味等不良情绪，因此通过完成训练还可以提升学生坚持到底、吃苦耐劳的优良品质。

（3）田径运动中大多为个人项目，完成这些个人项目可以培养学生进行独立自主学习的能力。除此之外，个人项目的成败往往需要自己独立承担，这要求学生具有自主调节情绪的能力，有助于学生形成良好的心理素质。

（4）田径项目往往伴随着一定竞技性，因此它要求学生时刻保持着一颗进取的心，不断挑战自我、战胜自我，让学生养成正视自己，勇于克服困难的良好品质。因此，田径运动可以培养人的意志和信念。

（5）田径运动中，一些项目消耗的体力和精力较大，需要有持久的耐力；一些项目持续时间短、强度大，必须高度集中注意力。因此，它能培养人的意志品质，使人集中精力。

（三）田径运动的竞技价值

在运动赛场上，田径项目是当之无愧的大项目，人们常说"得田径者得天下"，田径成绩好，总成绩往往不会差。由于田径项目的奖牌数量多，人们对其关注的程度也较高。但同样是因此奖牌众多，田径往往能创造更多的变数，在综合大型运动会的尾声，田径项目往往能改写团体的最终胜负，带来逆转的结局，这也是田径为什么总能收获大量关注的原因之一。此外，田径的初级选才和训练还为其他项目提供了大批的人才。

第二节 田径运动教学的基本知识

一、田径运动教学目标

田径运动的教学目标：让学生掌握田径项目的基本知识，学会田径运动的基本技能，培养良好的心理品质与道德感，形成良好的价值观。使学生具备从事田径训练、研究、健身等基本活动的能力。具体要求如下。

（1）使学生热爱田径运动，对田径运动产生浓厚的兴趣。了解田径运动的重要作用以及在学校体育活动中不可替代的地位，形成正确的职业道德。

（2）掌握田径运动的基本理论知识，学会田径的基本技能并在实际操作中使用，能够成功运用田径知识进行独立自主学习和强身健体。

（3）提高学生的创新能力与运用能力，使学生达到会做、会讲、会学、会教、会评价的"五会"水平，使学生达到自行组织小型基层运动会的能力，具有利用田径基本知识与技能对他人进行指导锻炼的能力。

（4）使专门练习田径项目的学生具备对田径的基本研究能力以及面对基层运动会的自主训练能力。

田径的教学目标会随着学生的不同、田径项目的不同、教学环境以及课程内容的不同发生变化，上述只是田径教学中普遍的教学目标，具备基础性，要具体情况具体分析，确立最终的教学目标。比如，田径的专修课程是为了提高学生的田径水平，对田径进行更专业的训练，深入了解田径并对田径做出一定的研究；田径的普修课程主要是为了让学生了解田径、热爱田径，掌握田径的基本知识与技能；田径的拓展课程更加关注田径在生产生活中的应用，关注学生的身心健康，利用田径运动的健身与社会适应方面来更好地适应社会。除此之外，面对不同的教学对象，教学目标往往也不同。对于运动训练专业的学生，主要培养他们对于田径的掌握程度与训练过程；对于运动教育专业的学生，主要培养他们的教学能力，让他们学会如何对他人教学；面对社会体育专业的学生，则主要考虑应用方面，教会学生如何利用田径知识让各种健身活动更加科学以及如何高效地组织健身活动。所以在教学时，教师要选择正确的教学目标并以此为导向，结合学生的专业，探索最适合学生总体要求的教学内容。

二、田径运动教学意义

任何一个运动项目的教学都有其意义，田径运动也是如此。作为田径运动技术的传授者（教师）和学习者（学生），应该了解田径运动教学的意义。

首先，田径运动教学可以帮助学生更好地了解田径运动的内涵。田径运动包含多项技术，不同的技术有不同的特点和理论基础，通过分析不同项目的技术特点和讲授基本的理论知识，促进学生对理论知识的摄取和对各项技术的理解，提高课堂教学质量，达成让学生从各方面了解并掌握田径知识并最终加以运用的目标。其次，田径运动包含多种基础运动技能，涵盖走、跑、跳和投等基本运动形式，帮助学生掌握田径的基础技能能大大提高学生对于运动的理解。学生通过反复练习这些田径的基础动作，可以加深自身对于田径各个项目的理解，提高自身的素质和田径运动技能，从而为学习其他体育项目奠定基础。再次，能够促使学生掌握田径运动的锻炼手段，并在这一过程中更好地培养学生的意志品质。田径运动的许多项目具有基础性，是适合在群众中广泛进行推广的运动，通过练习田径运动，既可以激发群众对体育的热爱，也可以为群众进行其他运动打下基础。通过教学活动使学生掌握田径的基础技术，可以促进全民锻炼活动的展开，提高国民的总体身体素质，缓解群众的疲劳，释放压力。作为拥有多种项目的运动，参加田径运动学习和锻炼，可以掌握多种运动的技术基础，通过多种技术的综合掌握，学生可以更加全面客观地认识自己，学会对自己进行评价，为自己确立正确的目标，增强自我意识。同时培养顽强拼搏的精神，最终实现全面发展的目的。最后，通过教学能够有效传承田径运动文化。田径运动作为一种实践活动，与人类历史文化具有密不可分的渊源，可以从日常的生活中寻找到痕迹。通过教学，可以感受田径运动的文化魅力，体悟其艺术审美情趣，并激发学生将其传承和发展下去的信心。

三、田径运动教学原则

田径运动教学原则是在教育学教学原则的基础上提出的，通过众多田径教学的客观规律的总结，对田径运动技术教学进行引导，是教师在教学过程中应当遵循的基本要求。在教学实践中认真贯彻教学原则，对教学目标的实现、教师正确选择教学方法与内容、提高教学效果、加速教学进程和更好地完成教学任务，使学生不断了解田径运动，加深学生对于田径运动基础理论和基本技能的运用，不断提高教学质量有积极的意义。田径运动教学属于有计划、有组织、有目的的传授知识和技术的教育过程，因此，应在教学中贯彻执行教育学理论中所倡导的各项教学原则。在田径运动教学中，需要贯彻和运用的教学原则有自觉积极性原则、直观性原则、从实际出发原则、循序渐进原则、巩固性原则、身体协调均衡发展原则、慎重安排运动负荷量原则和理论与实践相结合原则。

（一）自觉积极性原则

自觉积极性原则是指学生在练习田径运动技术时要保持高度的自觉积极性。田径运动技术包含了人体走、跑、跳和投的基本动作，某些项目的技术并不复杂，有的学生会感到技术动作简单无味，没什么可学；有的学生在反复的练习中感到太枯燥，没有兴趣；有的学生存在怕苦怕累的思想，练习缺乏主动性和积极性。对一些难度较大的项目，如跨栏、铁饼和撑竿跳高等技术，学生又认为太难，甚至认为无法掌握，从而失去学习的信心。学生的这些认识和思想对掌握田径运动技术很不利，而且，学生如果带着这样的情绪去练习，精力不集中，还会出现受伤情况。因此，教师必须给学生讲明田径运动技术教学的意义和作用，使学生充分认识到田径运动的锻炼价值，使学生能够自觉积极地投入学习，保证田径运动技术教学任务的完成。

（二）直观性原则

直观性原则是根据学生认识事物的特点提出的，是指充分利用学生的多种感官，通过各种形式的感知，使学生学习和掌握知识的原则。这一原则在田径运动教学中尤为重要。学生对于运动动作、技术的学习，主要通过各种感官感知、倾听、思考与练习完成，所以在教师进行教学以及学生进行练习的过程中，教师应当利用多种材料，采用多种方式进行教学，如合理利用录像、图片或直接示范等方式，让学生进行最直观的学习。这样学生可以直接感受到动作要领，加深学生的理解，省去许多不必要的思考。

（三）从实际出发原则

从实际出发原则是田径运动教学必须贯彻的原则，由于现场教学受许多条件的制约，不能一概按照书本理论进行教学，教学对象的身体素质、教学的环境、学生对于教学内容已有的理解、是否有合适的道具等因素都会大大改变教学的内容与方式，所以田径教学活动要从实际出发，按照现场的各种实际情况进来安排教学。田径教学应当从教学对象和场地的实际状况出发，制定适合的教学目标，选择学生可以接受和完成的教学内容，不断调整与改进方案，最终达到理想的教学效果。田径作为一项运动，需要学生一定的身体素质作为基础，除了要讲明田径的基本内容和意义，还要激发学生对锻炼身体的兴趣，学生自觉进行锻炼提高身体素质后，学生能够自觉积极地投入学习，才能保证教学任务的完成。

（四）循序渐进原则

循序渐进原则要求教师在实际教学中要根据学生的接受程度，由简到繁、由易到难地进行教学。教学过程中教师要注意学生的接受程度，不能出现大量学生无法接受或无法进行操作的内容和动作，要根据教学对象的实际情况渐渐加深学生对于田径内容的理解。由于田径运动内容多种多样，各种技术需要的基础也有所不同，要有计划地进行教学，不可着急，一步一步确保学生掌握了之前的内容后再进行下一步的教学。教学所需的时间不同，在进度安排、教学程序、方法选择方面应根据实际需要而定。教师还应根据各项目的特点区别主次、分清易难、突出教学重点开展教学活动。

（五）巩固性原则

巩固性原则要求在教学过程中对之前出现过的教学内容进行反复的强调或对习得的动作进行反复练习，最终熟练地掌握这些内容和技术。田径运动教学与其他理论教学不同，不仅需要大脑对田径的基础概念和理论进行记忆和理解，还需要伴随着身体的不断练习来正确熟知、掌握动作要领，用身体去感受技术的节奏。这种身脑共用的学习方法比单纯的记忆理论要困难得多，因此需要教师在教学过程中不断反复地帮助学生练习，让学生身体的肌肉通过反复地练习不断巩固已学过的内容，彻底掌握田径技术的要领。要贯彻巩固性原则，还可以通过课上提问、教师指导动作分析、课下练习等多种方法不断巩固教学内容。

（六）身体均衡协调发展原则

身体均衡协调发展原则要求教师在教学活动中要注意学生的全面协调发展，不得只顾及学生某个单一方面的发展。教师可利用田径运动项目的多样性，选择全面发展学生的教学内容，如投掷类项目可促进学生的上肢力量，跑跳类项目可以促进学生下肢的力量，通过教学实际合理安排投掷和跑跳类项目的教学与练习时长，最终实现学生上肢和下肢共同发展。不协调的发展不利于学生的身体健康和心理发展，学生的不协调发展一般是学生某项或几项能力过于突出而其他方面又会远远落后于他人，这都不符合体育和美育的基本要求和观点。比如，对于喜欢力量项目的学生，教师可以适当为其安排更多的耐力型项目，这样就不会造成他肌肉很发达但心肺功能不强的不平衡发展。

（七）慎重安排运动负荷量原则

慎重安排运动负荷量原则是至关重要的原则，它要求教师要根据学生实际的情况安排运动量。田径运动会给学生带来一定的身体负荷，学生的身体必然因此受到或多或少的影响，运动量过少易出现无法达到教学目标的情况；运动量过大，可能对学生的身体造成影响，特别是一些具有先天性疾病的学生，过多的运动负荷有可能导致意外，危害身体健康。这就要求教师一定要从教学实际出发，制定最适合的运动和练习量。运动负荷取决于学生运动的时间和次数，在实际教学过程中，教师可以通过学生的排汗量、呼吸的急促程度、面部表情，或者询问学生疲劳程度来调整教学安排。运动量的适当要根据实际出发，但是根据以往的教学经验，对学生进行技术的教学时，应采用强度较小的运动量；巩固或者改进动作时，可采用中等程度的运动量；检查技术时要求安排大强度的运动量。

（八）理论与实践相结合原则

理论与实践相结合原则是指教师根据田径运动教学大纲的要求，在原有的理论课时和技术教学课时的基础上，根据田径运动技术课教学内容选择与其联系非常紧密并且有较强指导意义的理论知识，有目的、有计划地分配到每次技术教学中讲述，帮助学生更好地理解技术要领，更好地指导学生进行练习，从而促进学生更好地掌握技术。对田径运动理论知识进行分类，提高理论知识与教学实践相结合的科学性，更有效地提高学生将理论知识转化为技术实践的能力。因此，遵循理论与实践相结合的原则，教师应对田径运动理论知识进行分类，区别出各种理论知识与各项实践教学的相关度，将田径运动理论知识贯穿于技术教学的实践过程，体现理论知识在实践中的作用。

对于以上教学原则，教师应当铭记于心，将教学原则与教学实际进行联系，在教学过程中落实这些原则。教学原则并不是一点一点单独分开的，在实际教学过程中往往会同时运用多种原则，教师要将各项原则融会贯通，在教学中合理使用以达成最好的教学效果。

第三节　田径运动训练的基本知识

一、田径运动训练的概念与训练价值

（一）田径运动训练概念

田径运动训练是针对运动员的专业教育，它能使运动员全面地发展技术，提高身体素质，最终达到提升成绩的目的。它是建立在对运动员进行教育与培养基础上，有计划地、系统地提高竞技能力与进行竞技准备的一个过程。在教育与培养过程中，要考虑到运动员的个人特点（性别、年龄、健康状态、身体训练水平、心理特点），生活方式及训练的条件。

田径运动训练是竞技体育活动的重要组成部分。田径运动训练是以创造优异成绩为目标的身体活动，包括运动员的选才、训练和竞赛等基本环节。运动员所表现出来的竞技能力受遗传、生活和训练因素的影响，其中训练因素是运动员获得竞技能力最重要、最有效的因素。运动员想要达到较高的运动水平，长时间保持自己最佳的竞技状态，就必须进行科学、系统的训练。科学、系统的训练是运动员取得良好成绩的基础，不进行科学、系统的训练，运动员不可能在竞争激烈的比赛中大放光彩。

（二）田径运动的训练价值

1. 提高运动员的竞技能力

现代运动会要求运动员拥有多种竞技能力，包括体能、心理能力、战术能力等。

运动员的竞技能力包括先天遗传性竞技能力和后天训练获得的竞技能力两部分。如果没有科学训练，具有再好的先天性竞技能力的人也不可能成为优秀的运动员。训练就是通过各种身体练习的方法和手段，最大限度地挖掘身体潜力，提高竞技能力，为取得优异成绩创造条件。现代的田径运动比赛中，运动员只有接受长时间、系统的科学化训练，才有可能在激烈的比赛中表现出最佳的竞技状态，获得理想的比赛成绩。

最佳竞技状态并不是一个短暂的瞬间，它是运动员在较长时期内状态的连续发展与变化，运动员想保持最佳竞技状态，就必须进行科学系统的训练。最佳竞技状态分为初步形成竞技状态阶段、进一步保持竞技状态阶段和竞技状态暂时消失阶段。形成第一阶段的任务便是运动训练，通过科学系统的训练来寻找最佳竞技状态；第二个阶段的形成除了科学系统的赛前训练，还需要通过参加比赛去维持。在这两阶段的共同作用下，运动员的最佳竞技状态得以保持。最佳竞技状态主要受运动员可以承受的最大运动负荷以及运动员的恢复速度影响，除此之外运动员的神经控制能力、心理素质、技能技巧等因素也会产生一定的影响。而上述影响最佳竞技状态的因素都需要运动员在平时的大量训练中获得与调整。

2. 实现田径运动的价值

（1）健身价值。田径项目动作多种，几乎包含了所有运动中的基本动作，相较于其他运动，田径运动对学生身心的全面发展有着极高的价值，是一个可以提高学生身体健康、心理健康、社会事业能力的综合性基础项目。田径在学校教育中有着主要的健身价值，田径不仅有着基础的锻炼性，还有一定的竞争性和冲突性，合理利用田径的这些性质，可以让学生更充分地体验到田径的乐趣，在田径运动中展示自我，在快乐中全面发展自我。

对于学生来说，田径还有消除学习生活中的不良情绪和排解人际交往压力的功能。除此之外，田径运动可以强身健体，提高身体素质。田径运动需要的场地极为简单，很难受到限制，田径运动对于人数要求也不严格，人数的多少难以限制田径运动的进行，再加上田径运动易于理解、危险性较低等优势，这些都让田径运动成为全民运动的首选。并且运动者很容易就能根据自身的身体素质、年龄等调节运动量的大小，不会受到他人影响，适合全年龄段的人群。田径运动对于心肺功能有着较大的提升，可以增强呼吸肌的强度，增强肺活量，提高身体综合素质，增强肌肉强度，防止机体过于肥胖。还可以增强人体免疫力，起到预防疾病的作用。还有研究表明，健身跑可以预防神经衰弱、保护肝脏、防止胃溃疡等消化系统疾病的作用；跳跃对于学生扁平足的形成有抵御作用，还能保护脊柱正常发育。

（2）竞技价值。田径有着项目众多的特点，因此在大型的综合性运动会中，田径项目有着最多的金牌数量，且最后一项比赛项目一般都会是田径，因此田径项目的成绩往往是角逐出团体胜负的关键。田径不仅项目众多，各个项目训练的条件也较低，大多是单人项目，却可以让多人同时进行训练，因此田径运动的投资少，却有可能拿到多数的奖牌，产生良好的效益，田径运动因此也受到重视，一直被认为是竞技体育中的重点。

田径项目可以全方面地发展运动员的身体能力，因此许多运动项目都将田径项目作为训练运动员基础身体能力的手段。为了较客观地衡量身体训练水平，检验身体训练的效果，一般都选用一些田径项目制定测验标准，并作为常规性测验指标。

（3）社会价值。田径运动的社会价值体现在其对个人和社会的影响中。田径运动是一项健康、积极、向上的运动项目，它对个人的身体健康和心理健康都有着积极的影响。通过田径运动，人们可以锻炼身体、增强体质、提高免疫力，同时也可以缓解压力、减轻焦虑、增强自信心。

田径运动对社会的影响也是非常重要的。它可以促进社会和谐、增强社会凝聚力、提高社会文明程度。田径运动不仅仅是一种体育运动，更是一种社会责任和义务，它可以为社会做出积极的贡献。田径运动的社会价值还体现在其对文化交流和国际友谊的促进中。田径运动是一项全球性的运动项目，它可以促进不同国家和地区之间的文化交流，增进国际友谊。通过田径运动，人们可以了解不同国家和地区的文化、风俗和习惯，增进相互之间的了解和认识。同时，田径运动也可以促进国际友谊，增强国际的互信和合作，为世界和平与发展做出贡献。

二、田径运动训练的要点

（一）突出专项关键技术

围绕专项来设计训练内容进行训练。田径运动包括走、跑、跳、投以及由跑、跳、投部分项目组成的全能运动，总共五大类项目。田径运动训练是人体对于自己走、跑、跳、投等能力极限发起挑战的过程。现代的高水平田径运动的训练内容具有针对性，服务于运动员的竞技内容，为运动员量身定制，找出运动员突破技术的方向，训练其最需要的专项内容。例如，跳跃项目的运动员主要训练快速助跑与快速起跳能力，并将其准确快速地结合；跑步项目的运动员主要训练运动速率与运动力量；投掷项目的运动员主要训练如何通过助跑或是器械旋转使动作更好地完成。田径项目虽然数量繁多，但针对各个项目，现代田径训练更早、更多地给出了运动员具体训练的需要。

（二）突出体能优先发展

体能不仅是运动员进行训练的基础，体能水平也会对运动员能否突破关键的技术起到至关重要的作用，现代科学系统的训练会根据运动员未来的发展规划合理进行体能的训练，将身体素质训练与专项技术的改进密切配合，做到素质训练技术化。

（三）从实战出发，注重心理训练

田径运动训练的价值就在于赛场上的成绩，如果平常的训练成果不能在赛场上转换成优异的成绩，那么平常的训练便没有价值。随着社会的发展，赛事对运动员提出的要求越来越高，来自竞争者的其他运动员也对运动员造成极大的压力，运动员之间的竞争极为激烈，在这种情况下很容易造成运动员比赛紧张或者参赛过程中心理压力过大的现象，从而影响选手赛场上的发挥。如果运动员过分紧张，那么他平常训练效果再好，技术再过硬，也很难完全发挥出来取得理想的成绩。因此对于运动员的心理训练是现代田径运动训练中重要一环。心理训练主要目的就是运动员能在赛场上放平心态，在比赛过程中心态稳定，做到有异常状态的发生也不慌乱，最终正常地发挥出自己应有的水平。以往的心理训练对于运动员赛场上发挥的心态建设还有所欠缺。

现代田径运动训练对心理训练越来越重视，它同身体、技术、战术训练同等重要，共同组成现代的训练体系，集中训练缺一不可。现代田径运动的比赛不仅要求运动员的身体能力，也同样要求运动员的心理能力。运动员良好的心理素质往往能够在竞争激烈的重大比赛中发挥关键作用，心态良好的运动员在这些比赛中可以正常甚至超常发挥，成为获得理想成绩的关键，但是心理素质不好的运动员往往被压力击垮无法达到正常水平。现代比赛的心理要求也同时要求了在运动员培养选才时，要筛选出心理特征强大的运动员。目前，心理专家已经成为各个国家高水平运动队的标准配置，心理专家会结合运动员训练以及日常的表现对运动员进行心理训练，提高应对比赛的心理能力，形成良好的比赛心理定式。

（四）突出"以赛代练"特征

将比赛作为训练的重要组成部分，突出"以赛代练"特征。运动员日复一日地参加训练，就是为了在赛场上取得良好的成绩。赛场和训练场终究有所区别，因此现在许多教练员力所能及地安排队员参加比赛，就是为了让运动员提前熟悉比赛环境，体验赛场与训练场的区别。运动员也可以通过比赛来测试自己的能力，正视自己的问题，以便在之后更重要的比赛中取得良好成绩。

随着时代的发展，运动员可以参加的比赛越来越多，现在每年有15站的田径系列大奖赛，运动员相比以前可参赛次数大大增加，还有每四年一届的奥运会，世界锦标赛也顺应时代的潮流改为两年一届，运动员可以参加的世界行规模的比赛次数越来越频繁，这也为更多运动员提供了争夺世界冠军的机会。1994年，为了满足不同水平运动员的需求以及更多的地方想要举办运动会的愿望，国际田联又增设9个比赛，除此之外还有大大小小的邀请赛，正是这些比赛使得运动员可以更多地感受赛场风格，做到以赛代练，帮助运动员成长。

(五）高度重视恢复训练

没有恢复就没有训练，国际上流行一个公式：艰苦训练＋恢复＝成功。这说明恢复和训练效果都是成功的重要因素。负荷后的恢复已成为田径运动训练不可缺少的内容，大负荷训练和紧张激烈的比赛后必然导致运动员身心疲劳，疲劳产生后必须及时采取有效措施使身心得以恢复，这样才能保证机体能更好地参加下一次的训练。否则，将造成过度疲劳，甚至引起伤害事故的出现造成训练中断，训练水平下降。在田径运动训练过程中，应采用运动生理相关知识来判断运动员的疲劳和恢复程度，运动员在训练后必须恢复，没法恢复会导致之后无法训练。目前越来越激烈的赛事竞争使得运动员在训练后感受到极为强大的运动负荷，因此恢复已经越来越重要，甚至达到了与训练同等重要的程度。激烈的赛事或训练导致出现大量运动负荷，导致运动员身心疲惫，这些疲劳必须及时采取措施进行恢复，否则过度疲劳有可能导致事故发生，对运动员的身心健康以及之后的训练都会产生重大的影响，最终导致运动员水平快速下降。在现代训练模式下，可以通过运动员在训练过程中的各种生理指标结合生理知识来判断运动员的疲劳程度以及制订如何恢复的计划，根据相关理论修正运动量和强度，能有效避免过度训练。

现在国内外的优秀团队会采用一切手段和方法加速运动员的恢复过程。

（1）对肌肉进行拉扯、摩擦、按摩，采用桑拿等方式加快身体的新陈代谢，缓解肌肉的疲劳，改善四肢僵硬的状况，使紧绷的肌肉回到松弛状态。

（2）合理补充营养物质，改善伙食，通过科学的食物补充恢复肌肉内 ADP 等物质的储存，帮助肌肉回到最佳状态。

（3）使运动员收听优美的音乐，或者在优美的环境中陶冶情操，在精神放松的情况下，身体机能也会跟着恢复。

运动员在现代不仅可以获得科学系统的训练内容，同样也在科学合理地补充营养物质，科学证明摄入这些营养物质可以对运动员机体的状态、体力的改变以及训后的恢复起到至关重要的作用。营养环境同样会对运动员造成重大影响，如果运动员的营养物质跟不上，那么运动员的实力会很快下降，身体很难负担强度极高的训练，最终导致比赛失利。营养因素对于运动员的赛训以及恢复起到重要作用。不同的运动员需要的营养内容也完全不同，这取决于运动员参与的项目、训练的强度以及自身的身体素质等。比如力量型项目的运动员对于蛋白质的需求更多；耐力型项目的运动员往往需要补充水、无机盐和维生素；速度型项目的选手对于营养成分需求较为均衡等。我国的中医药学也在运动员的赛训及恢复中起到重要作用，中药范围广，其中一些中药是日常生活中的食物，合理利用这些可以使运动员更快更好地得到恢复。

第二章

田径运动体能训练

本章主要叙述了田径运动体能训练,分别从田径运动力量训练、田径运动速度素质训练、田径运动耐力训练、田径运动灵敏素质训练、田径运动柔韧素质训练、田径运动运动协调能力训练这六个方面进行介绍。

第一节 田径运动力量训练

田径运动中力量的训练极为关键，因为绝大多数的田径运动项目都需要人体力量的参与，外加力量的表现形式丰富多彩，力量训练是田径运动员训练的重要一环。

一、力量训练的基本方法

（一）发展最大力量的训练方法

巴罗加式极限强度负重训练法：这种方法主要是通过极限强度负荷提高对机体神经系统的刺激作用，适用于高水平运动员的力量训练，有利于提高相对力量。巴罗加提出了四种不同的负重训练方式，每种方式以训练课为单位进行变化。训练方式的选择，主要取决于运动员的练习效果。

阶梯式极限强度负重法（保加利亚"循序渐进"训练法）：该方法主要用于精英运动员的最大力量训练。超过一天的最大体重，再分两组减 10 kg，再分两组减 10 kg，然后开始增重至当天最大体重，最终减量。

静力性训练法：静力性力量训练法在 20 世纪 60 年代曾被广泛应用，后来逐渐减少。静力收缩对肌肉耐力作用效果不明显，但对发展最大力量有积极的作用。

静力性训练有以下 3 种方式。

（1）在某一关节角度，承受高于运动员本人潜力的重量；

（2）针对特制的固定物用力推、顶、拉；

（3）一侧肢体用力，另一侧肢体相抵。

优秀的运动员在进行静力性力量的训练时，往往能够发挥自身 80 %～100 %的力量，持续时间可以达到 12 s。初学者未经训练基本只能做到 6～9 s 的持续时间。

如果运动员停止了静力性力量训练，之前训练所获得的力量并不会一时间全部消失，经过 30 周之后才会完全消失，如果此期间依旧进行少量训练，如每隔

6周进行一次训练，那么之前训练获得的力量也会延迟消失，需要60周才会完全消失。

电刺激力量训练法：该方法是一种新的"非负荷"性的最大力量训练方法。通过使用这种方法，能够一定程度上增加肌力，尤其在训练后紧接着进行电刺激，效果更好。

（二）发展速度力量的训练方法

田径项目多种多样，但其中许多项目都需要在快节奏或者爆发状态下进行，对于此类爆发或速度类型的项目，力量肌肉收缩的速度便是决定性因素。

1. 爆发力的训练

爆发强度是在短时间内以最大加速度克服阻力的能力。打击的力量由参与活动的所有肌肉群的联合动作决定。如果没有充分发挥最大爆发力，爆发力也无法达到较高的水平。因此，爆发力训练方法适合爆发力发展。

爆发力训练与进行的锻炼类型和力量大小密切相关。例如，在跑步时，运动员的腿部力量承重是其体重的3.5倍。在此条件下，加速成为爆发力训练的关键，在类似跳远、投掷类的项目中，爆发力是运动员取得良好成绩的关键。以下是爆发力训练的2种训练模式。

（1）中等强度速度力量法：特点是最大强度的70%～85%，每天进行3～6次的最大速度训练，每次进行4～6组。通过这种方法，可以极为有效地达成需要的训练效果。在田径、体操、击剑、水肺潜水和所有分体式中，这些项目都极为依赖运动员的爆发能力，因此这种能够极大提高爆发力的训练手法便变得极为重要。

（2）快速低强度力量法：特点是采用30%～60%的强度，3～6组练习，每组5～10次，使爆发力训练有针对性地发展。

等长训练法，又称超长训练法，实际上是一种将撤退训练和约束训练相结合的训练方法。在超长运动中，肌肉会先工作，并得到很多拉伸。这次训练的目的是将纯粹的能量转化为爆发性的能量。生理机制是当肌肉以收缩方式工作时的拉伸反射，肌肉被拉伸到超出其自然长度时会产生伸长反射，产生更有限的收缩以形成有效的井喷。发展爆发力的等距练习方法和内容包括纵跳、蛙跳、连续步等各种跳跃练习，包括跳过围栏、多级跳跃、全速跳跃等练习，可以根据每个运动员的具体训练要求和条件进行选择。

2. 反应力的训练

当人体运动时，肌肉链会减慢人体运动的速度，这导致反射性拉伸。当距离为非标准的威慑距离时，人体活动对应的肌肉产生拉伸反应，这时肌肉会迅速收缩，这类收缩反应模式是主动肌肉伸展和收缩循环的一种形式。

这种反应力大致有两种：一种是以弹跳为主的弹跳反应力，另一种是以打击、鞭打为主的打击反应力。由于刺激不同，两种力的形式也会有所区别，在典型的深度跳跃响应模型中，肌肉拉伸是因为相反肌肉的力量，这种处于拉伸状态的肌肉很难起到作用，深跳的速度要比伸展收缩循环快得多。

二、力量训练的基本手段

（一）臂部力量训练

1. 上臂力量训练

（1）颈后臂屈伸。方法：保持身体直立不动，两臂上举反握杠铃（也可正握，但反握比正握效果好），握距同肩宽，做颈后臂屈伸动作。作用：主要发展肱三头肌力量。

（2）颈后伸臂。方法：一腿在前不动，一腿在后方保持直立。两手各握拉力器一端置颈后，两肘外展，两臂用力前伸使两臂伸直。作用：锻炼发展肱三头肌上部和外侧部力量。

（3）弯举。方法：保持身体直立，反握杠铃，握距同肩宽，屈前臂将杠铃举至胸前。坐着练习也可保证效果，或可借助其他器械进行训练。作用：主要发展肱二头肌、肱肌、肱桡肌等力量。此外，也可采用仰卧弯举、肘固定弯举、斜板哑铃弯举等方法进行练习。

（4）双臂屈伸。方法：不负重或脚上挂重物，捆上沙护腿、穿上沙衣等，在间距较窄的双杠上做双臂屈伸。作用：主要发展肱三头肌、胸大肌、背阔肌力量。

2. 前臂力量训练

进行前臂力量训练时，不能操之过急，一组数量不必过多，尽量保持在3～5组，进行多次训练（16次以上）时每组与每组之间可降低间隔时间。

（1）腕屈伸。方法：身体直立，两手反握或正握杠铃做腕屈伸，前臂固定在膝上或凳子上，腕屈伸至最高点，稍停顿，再还原。作用：主要发展手腕和前臂屈手肌群和伸手肌群力量。

（2）旋腕练习。方法：身体直立，两臂前平举，反握或正握横杠，用屈腕和伸腕力量卷起重物。作用：主要发展前臂屈手肌群和伸手肌群力量。

（二）肩部力量训练

1. 胸前推举

方法：两手持铃将杠铃翻起至胸部，之后将杠铃推过头顶，再屈臂将杠铃放下置于胸部，再上推过头顶，反复练习。

作用：主要发展三角肌侧前部肌肉，以及斜方肌、前锯肌、肱三头肌力量。

2. 颈后推举

方法：站直，打开肩膀，向后举起杠铃，然后将杠铃滑到脖子后面，直到自己的手臂伸直，不断进行反复。坐着训练也可达到效果，或者使用宽握或紧握。

作用：基本同胸前推举。

3. 翻铃坐推

方法：同时握住身体前方的杠铃，用双手降低胸部，将杠铃稍微举过头顶，然后轻轻地降低脖子后面的杠铃，再将杠铃从脖子后面、头后面推，最后慢慢将杠铃推到身体前方的下胸。

作用：主要发展三角肌群和斜方肌力量。

4. 两臂前上举

方法：两手正握杠铃，与肩同宽。向上提起杠铃至头顶高举，上举时肘关节外展，杠铃始终保持在距脸部 30 cm 处。

作用：主要发展三角肌侧部力量。

5. 直臂前上举

方法：两脚自然分开，身体直立，两臂下垂同肩宽持铃，直臂向上举起杠铃。也可用哑铃或杠铃片进行练习。

作用：主要发展三角肌前部、斜方肌、前锯肌、胸大肌力量。

6. 持铃侧上举

方法：两脚分开，自然站立，两手持哑铃（或杠铃片）置于肩部，上举过头后，两臂慢慢展开，掌心向下成侧平举。

作用：主要发展三角肌前侧部及斜方肌、前锯肌力量。

7. 快推

方法：两脚左右开立，两手持哑铃至肩部，两手交替快速向上推举或同时上推。

作用：主要发展三角肌、斜方肌力量。

8. 直臂绕环

方法：身体直立，两臂下垂持哑铃或杠铃片，做胸前直臂绕环。也可做仰卧直臂绕环。

作用：主要发展肩关节周围肌肉力量。

（三）背部力量训练

1. 高翻

方法：两脚站距约同肩宽，双手正握杠铃，握距同肩宽，挺胸别腰，将杠铃提起至大腿中下部迅速发力，翻举至胸部，还原后再反复练习。

作用：主要发展背阔肌、斜方肌、骶棘肌力量。

2. 持铃耸肩

方法：身体直立，正握杠铃，然后以肩部斜方肌的收缩力，使两肩胛向上耸起（肩峰几乎触及耳朵），直至不能再高时为止。

作用：主要发展斜方肌力量。

3. 俯立划船

方法：上体前屈90°，抬头，正握杠铃。然后两臂从垂直姿势开始，屈臂将杠铃拉近小腹后还原，再重新开始。

作用：主要发展背阔肌上、中部以及斜方肌、三角肌力量。

4. 俯卧上拉

方法：俯卧练习凳上，两臂悬空持杠铃，两臂同时将杠铃向上提起，稍停，再还原，反复进行。

作用：主要发展背阔肌、斜方肌、三角肌力量。

5. 直腿硬拉

方法：直腿站立，躯干向前弯曲，腰部挺直，手臂伸直，用宽握或窄握握住杠铃。然后伸直臀部，挺直身体，举起杠铃，直到身体伸直。重新开始后，每组训练2~5次。

作用：主要发展背阔肌、斜方肌、臀大肌以及股二头肌、半腱肌、半膜肌、大收肌等伸展躯干和伸髋的肌肉力量。

6. 颈后宽引体向上

方法：宽握距正握横杠悬空，然后迅猛地将身体拉起，直到颈背部高过横杠，反复练习。

作用：主要发展背阔肌、斜方肌、冈下肌、小圆肌、大圆肌、肱肌力量。

7. 直臂前下压

方法：与直臂前上举相反，两臂前上举握住拉力器，做直臂前下压，反复练习。

作用：主要发展背阔肌、三角肌后部及胸大肌力量。

（四）腰部力量训练

1. 山羊挺身

方法：仰卧躺在山羊（或马）上，双脚弯曲在肋骨之间。用手将杠铃或杠铃锁在脖子后面，身体前倾并站立。也可以仰卧在长凳上，双腿锁定以保持直立姿势。

作用：主要发展伸展躯干和伸髋的肌肉力量。

2. 负重弓身

方法：双手握住杠铃放在颈后。站直，双脚分开与肩同宽，腰和腿向上伸展。慢慢向前倾斜上半身，向后摆动臀部（像弓一样）以保持躯干高度，然后伸直身体。也可以伸直双腿或将双腿弯曲成弓形。

作用：主要发展骶棘肌、斜方肌、臀大肌、股二头肌、半腱肌、半膜肌、大收肌力量。

3. 负重体侧屈

方法：身体直立，两腿开立约与肩宽，肩负杠铃做左右体侧屈。练习时速度不宜太快，反复进行。

作用：同负重弓身。

4. 俯卧两头起

方法：俯卧在垫子或长凳上，两臂前伸，两腿并拢伸直。两臂和两腿同时向上抬起，腹部与坐垫成背弓状，然后积极还原。

作用：同山羊挺身。

（五）胸部力量训练

1. 颈上卧推

方法：仰卧于卧推架上，可采用宽、中、窄三种握距，手持杠铃或哑铃，先屈臂将其放于颈根部，两肘尽量外展，将杠铃推起至两臂完全伸直。

作用：主要发展胸大肌上部、肱三头肌和三角肌力量。

2. 斜板卧推

方法：仰卧在倾斜的板上，慢慢将杠铃降低到胸部中央，保持肘部与身体成90°角。然后快速有力地举起杠铃，并以恒定的节奏重复练习。这个动作也可以用哑铃练习。

作用：同颈上卧推。

3. 仰卧扩胸（飞鸟）

方法：仰卧在练习凳上，两手各执一哑铃做向体侧放低与上举动作，可稍屈肘，充分扩胸，上举时臂伸直。

作用：主要发展胸大肌、三角肌和前锯肌力量。

4. 直臂扩胸

方法：身体直立，两手各持一个哑铃或杠铃片，先直臂向胸前与肩关节成水平位置举起，然后直臂向两侧充分扩胸。

作用：向前主要发展胸大肌、三角肌前部和前锯肌力量；向后主要发展背阔肌、三角肌后部和斜方肌力量。

5. 直臂侧下压

方法：两臂侧上举各握住一拉力器，然后用胸大肌和背阔肌力量做直臂侧下压，反复练习。

作用：主要发展胸大肌、背阔肌力量。

6. 宽撑双杠

方法：降低下颌，弯曲背部，脚趾向前。双手放在一个宽大的平行杠上，看着脚趾。弯曲手臂以降低身体，然后将双臂向两侧展开以支撑身体。弯曲手臂，尽量降低自己。

作用：主要发展胸大肌下部、外部肌肉，以及肱三头肌、三角肌、前锯肌力量。

7. 俯卧撑

方法：在平坦的地板上做俯卧撑，双臂分开与肩同宽。然后弯曲手臂，将躯干降到最低，再伸出双臂支撑身体。伸展手臂时挤压肘部，并向上和向下伸直身体（见图2-1）。

作用：主要发展胸大肌、肱三头肌、三角肌及前锯肌力量。

图 2-1 俯卧撑

(六)腹部力量训练

1. 仰卧起坐

方法:仰卧凳上或斜板上,两足固定,两手抱头,然后屈上体坐起,再还原,反复进行(见图 2-2)。

作用:主要发展腹直肌、髂腰肌力量。

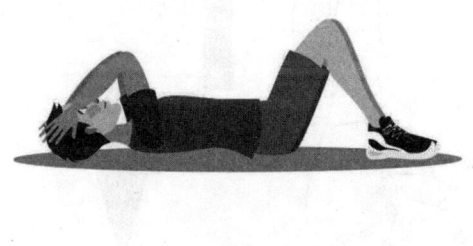

图 2-2 仰卧起坐

2. 半仰卧起坐

方法：躺在地板上，双手握住哑铃放在脑后。当自己弯曲膝盖时，自己的上半身向前向上滚动。练习中，上半身抬起时，下背部和臀部不能抬离地板或长凳。深吸一口气，放松并呼气，两次收缩之间暂停 2 s，还可以将重量放在上胸部以进行更多训练。

作用：主要发展腹直肌上部力量。

3. 蛙式仰卧起坐

方法：仰卧垫上，两脚掌靠拢，两膝分开，两手置头后，向上抬头，使腹肌处于紧张收缩状态，两秒钟后还原重新开始。

作用：主要发展腹直肌力量。

4. 仰卧举腿

方法：卧仰在斜板上，两手置于身体两侧握住斜板，然后两腿伸直或稍屈向上举至垂直（见图 2-3）。

作用：主要发展腹直肌、髂腰肌力量。

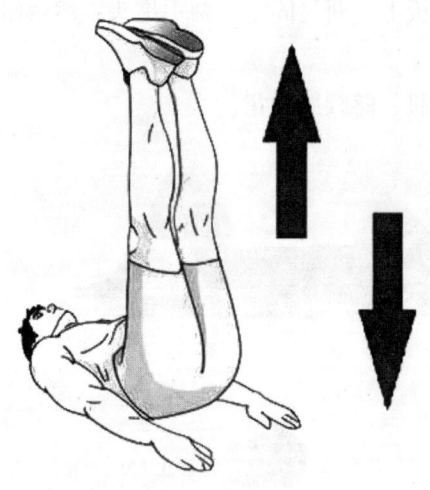

图 2-3 仰卧举腿

5. 悬垂举腿

方法：两手同肩宽，上举握住单杠，身体悬垂，然后两腿伸直或稍屈向上举至水平位置，反复练习（见图 2-4）。

作用：同仰卧举腿。

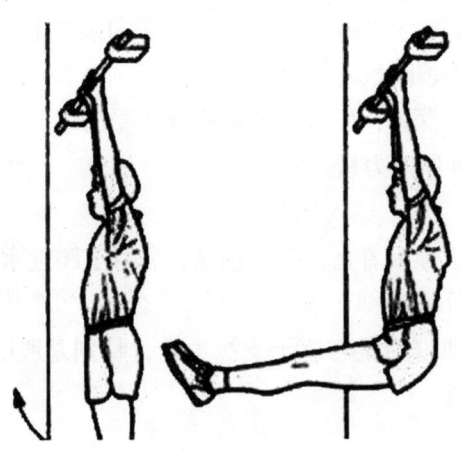

图 2-4 悬垂举腿

6. 仰卧侧提腿

方法：仰卧垫上，然后侧提右膝碰右肘，触肘后停 1 s。然后侧提左膝碰左肘，反复练习。

作用：主要发展腹内、外斜肌力量。

7. 屈膝举腿

方法：屈膝，两踝交叉，两掌心朝下放在臀侧，仰卧垫上。然后朝胸的方向举腿，直到两膝收至胸上方，还原后重新开始。

作用：主要发展腹直肌下部力量。

8. 举腿绕环

方法：背靠肋木，两手上举正握肋木悬垂，两腿并拢向左右两侧轮换举腿绕环，反复进行。

作用：主要发展腹直肌、腹内外斜肌力量。

（七）腿部力量训练

1. 颈后深蹲

方法：上体正直，挺胸别腰，抬头，两手握杠将杠铃置于颈后肩上。做动作时保持腰背挺直，抬头收腹，平稳屈膝下蹲。

作用：不仅能发展股四头肌、股二头肌、臀大肌力量，还能有效地发展伸髋肌群力量。

2. 胸前深蹲

方法：上体正直，挺胸别腰，抬头，两手握杠将杠铃放置两肩胛和锁骨上，平稳屈膝下蹲。其余要领同颈后深蹲。

作用：基本同颈后深蹲，但由于前蹲胸部所受的压力较大，因此能更有效地发展伸膝肌群和躯干伸肌的力量。

3. 半蹲

方法：正握杠铃于颈后肩上，挺胸别腰，屈膝下蹲近水平位置时，随即伸腿起立。其余要领同颈后深蹲。

作用：发展伸膝肌群力量与躯干支撑力量，特别是股四头肌的外、内侧肌，股后肌群和小腿三头肌。

4. 半静蹲

方法：颈后或胸前持铃屈膝下蹲至大腿水平部位，保持这个姿势不动，或做好半蹲姿势对抗不动物体，静止 6~12 s。也可根据动作结构和需要，换不同角度来做。

作用：主要发展伸膝肌群力量和躯干支撑力量。

5. 腿举

方法：仰卧于升降练习架下，两脚蹬住练习架做腿屈伸动作。练习时可采用不同的速度（快、中、慢）和两脚间距（可膝脚靠拢，也可分开）进行。

作用：主要发展股四头肌、臀大肌、股二头肌、半腱肌、半膜肌、大收肌、小腿三头肌和屈足肌群力量。

6. 负重伸小腿

方法：坐在练习器的一端，用双手抓住大腿两侧。股四头肌收缩将腓肠肌斜向上拉。拉伸小腿时，上身略微向后倾斜，以尽可能伸展双腿。双腿完全伸展后，保持 2 s，然后放松，重新开始。

作用：主要发展大腿前部肌群力量。

（八）全身力量训练

1. 窄上拉

方法：站距约与髋同宽，靠近横杠。两臂下垂，握距约同肩宽，挺胸别腰，下蹲提铃，当杠铃提拉到大腿中下部时，全身骤然用力，迅速做出蹬腿、伸髋、展体、起踵、耸肩、提肘动作，使杠铃继续上升，身体随之做屈膝、半蹲或直腿动作，同时顺势提肘。

作用：主要发展骶棘肌、斜方肌、前锯肌、臀大肌、股二头肌、半腱肌、半膜肌、大收肌、股四头肌、三角肌、肱肌、小腿三头肌、屈足肌群力量。

2. 宽上拉

方法：宽握距握杠，预备姿势同窄上拉，当杠铃上拉到大腿中上部时，迅速做出蹬腿、伸髋、展体、耸肩、提肘、提踵动作。宽上拉也包括膝上拉、悬吊式上拉、直腿拉、宽硬拉等多种做法。

作用：基本同窄上拉。

3. 高抓

方法：高抓技术包括预备姿势、提铃至膝、引膝提铃、发力展体、支撑和放铃六个阶段，预备姿势、提铃、发力部分同宽上拉。半蹲支撑是在发力时提肘的瞬间开始，这时杠铃即将转入惯性运动，腿部已能自由动作，两腿随即迅速屈膝半蹲，两臂在半蹲开始时积极提肘继续提铃，当身体降至横杠高过头部瞬间时，以肘为"轴"甩前臂，将杠铃锁肩支撑在头部上方。

作用：发展了自身的爆发力，主要发展伸膝、伸髋、伸展躯干及肩带肌群力量。

4. 箭步抓

方法：预备姿势、提铃、发力同宽上拉。在发力即将结束时，做前后箭步分腿，与此同时，将杠铃提拉过头顶，伸直两臂做锁肩支撑。

作用：有效提升爆发力，发展了伸膝、伸髋、伸展躯干及肩带肌群力量。

5. 挺举

方法：挺举由提铃至胸和上挺两部分动作组成。提铃至胸一般用下蹲式技术，它包括预备姿势、提铃、发力、下蹲翻与起立。除下蹲翻与起立外，前三个部分要领同窄上拉。下蹲翻是当杠铃提拉到腰带高度时积极向两侧分腿、屈膝下蹲，与此同时屈肘，并以肩为"轴"转肘将杠铃翻上胸部，停在锁骨与两肩上，上臂近水平状态，随即起立。上挺时先屈膝预蹲，然后迅猛地发力并做前后箭步分腿，将杠铃支撑于头顶，随即收腿起立，两脚站在同一横线上。

作用：提铃部分主要发展各相应部位的肌肉，同时也会发展全身协调用力及爆发力。

6. 高翻

方法：提杠铃至胸前，提铃至胸时下蹲高度为半蹲，其他要领基本同挺举。

作用：基本同挺举提铃部分。

7. 箭步翻

方法：与箭步抓基本相同。除了较窄的方法，即臀部向前和向后推动小腿。杠铃绕胸部旋转站立，先伸直前腿，然后拉半步，再向前拉后腿。在水平线上彼此平行站立并重复练习。

作用：基本同挺举提铃部分。

8. 高翻借力推

方法：用高空翻将杠铃抬到胸前，然后坐下，用力将杠铃推到手臂正上方的位置，要求把杠铃抬到自己的脸部位置，收紧胸部和腰部，也可以在颈部或训练凳上进行。

作用：此练习若在练习架上做则主要发展上肢力量，作用同挺举部分；若提铃至胸后再做这个练习，作用同提铃部分。

第二节 田径运动速度素质训练

速度是运动员的基本素质之一，在他们的体能训练中起着重要的作用。一些运动（例如 100 m 短跑）就是比运动员的速度。虽然有些体育赛事并不比速度快慢，但速度也对运动表现有直接影响。

一、速度素质训练的基本方法

（一）反应速度训练的基本方法

反应速度主要利用各种信号（枪声、掌声、口令等声响）刺激练习者，使其作出快速反应来实现。其练习的基本方法有以下两种。

1. 运动感觉反应训练

这是一种心理训练方法，通过提高时间感知能力，进而提高反应能力，此法适合于中长跑项目，其具体步骤如下。

（1）对信号快速作出应答后，由教练员告知反应时间。

（2）对信号快速作出应答后，教练员要求运动员自己报出估计的时间，然后教练员再告诉其准确时间，核对其误差。

（3）要求运动员按事先确定的时间完成动作或跑完一定的距离。

2. 选择性信号反应训练

要求运动员按事先确定的信号做出正确的选择，或按相反口令、相反动作完成选择性的反应训练。

（二）动作速度训练的基本方法

1. 重复法

（1）规定最大速度指数的重复方法。在移动速度训练中显示最大速度指数，并且一些运动练习是强制性地重复，例如快速重复的轻杠铃推举。用哑铃重量重复跳跃，同时保持正确的运动，一次又一次地快速跳跃。重复短距离跑步，使用各种沉重的器具进行最后的快速重掷。

（2）变化训练程序的重复法。变化训练的程序是指在横移速度训练中适当改变速度和加速度，并以适当的比例与程序相结合。虽然在一定的最大速度下进行训练是提高运动速度的重要因素，但重复如此能创造一个动态的固定模式。因此，在最高速度指标和重复练习时，训练计划按一定的方式变化，使运动员对练习的速度变得陌生，以培养更好的移动速度。

2. 比赛训练法

比赛训练法是指在竞争条件和要求下，营造竞争氛围和环境的开放式训练方式。

显然，在使用比赛训练法来训练动作速度时，练习者的心理和情感不同于其他训练方法，大多数练习者都表现出兴奋和情绪高涨。研究表明，使用竞技训练方法会显著增加运动前的人体血糖和乳酸水平，这有助于身体更好地运作。兴奋也会对交感神经系统产生影响，延迟疲劳的产生，这使人体能够成功地以高强度速度进行训练。

在比赛训练法中，神经系统处于非常温和的兴奋状态，这有助于发挥交换兴奋和抑制神经过程的能力。

3. 游戏法

游戏法是指采用游戏的形式进行速度训练的一种方法。

"速度障碍"是由于在速度训练时反复进行某一动作的训练。这种多次重复的训练形成动作的动力定型，使动作的各种指标比较稳定，在动作的空间特征和时间特征上，如动作的幅度、方向，动作的速度和频率都相对稳定，形成所谓的"速度障碍"。

防止"速度障碍"的形成，首先要采用多种训练手段，突出速度力量的训练，如游戏、球类等活动。例如，100 m跑要达到预定的成绩，既可以通过专门短跑训练来达到，也可以通过全面身体练习并把重点放在速度力量的训练上来达到。

二、速度素质训练的基本手段

（一）原地快速高抬腿跑

方法：直立于一平坦的场地上，原地两腿交替做快速高抬腿跑10~30 s。

作用：发展动作速度和移动速度。

要求：高重心、高频率，两臂配合摆动，以尽可能快的速度抬起腿。

（二）快速蹲起

方法：练习者全部蹲下，听信号快速蹲起（见图2-5）。

作用：发展反应速度和动作速度。

要求：尽可能快速蹲起。

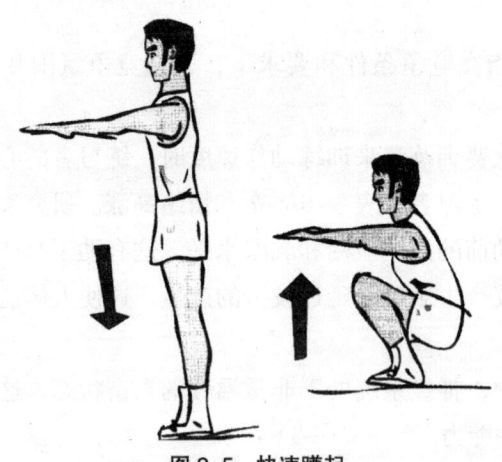

图2-5 快速蹲起

（三）快速"两头起"

方法：练习者俯卧草坪或垫子上，听信号后立即向上抬臂、抬头、挺胸、双腿后上举，成"两头起"（见图2-6）。

作用：发展动作速度和腹肌力量。

要求：上体和腿两头快速抬起。

图 2-6　快速"两头起"

（四）快速体前屈

方法：仰卧草坪或垫子上，听信号后上体前屈，两臂前伸，胸贴近大腿呈快速体前屈（见图 2-7）。

作用：发展动作速度和腰腹肌力量。

要求：上体快速抬起。

图 2-7　快速体前屈

（五）仰卧高抬腿

方法：仰卧草坪或垫子上，听信号后快速高抬腿，每组 15~30 个，多次重复（见图 2-8）。

作用：发展移动速度和动作速度。

要求：高抬腿时动作要快，足尖勾起。

图 2-8　仰卧高抬腿

(六) 节奏跳

方法：练习者站于沙坑中、草坪地或垫上，按口令一、二或一、二、三的最后一个节拍时用力高跳起来（见图 2-9）。

作用：发展动作速度和下肢快速力量。

要求：前脚掌着地，蹬地要快，最后一个节拍时用力。

图 2-9　节奏跳

第三节 田径运动耐力训练

耐力是指生物体长时间工作以克服工作时的疲劳的能力。它是运动员身体素质的关键指标之一，任何运动都需要恒定的耐力水平。对于一些运动，如中长跑和竞走等，田径技术水平和比赛成绩的提高通常取决于耐力水平的提高。因此，运用现代科学方法培养耐力变得越来越重要。

一、耐力素质训练的基本方法

（一）持续负荷法

田径运动采用连续负重的方式进行越野训练，可产生良好的锻炼效果。通过变速训练，运动员可以在运动中逐渐提高速度，例如：运动员可以以较慢的速度覆盖前 1/3 的距离，然后将速度提高到略低于中等强度的水平，并且以中等强度速度覆盖最后 1/3 的距离。此外，强度可以从中间到第二高水平连续变化。例如：每 1~10 min 最大运动强度后，可以交替进行中级运动，以确保在下一次增加负荷前身体稍有调整。最高速度心率可达到约 180 次 / 分钟，恢复时间减少至约 140 次 / 分钟。脉动波状强度的交替排列对于负重训练具有重要作用，能有效改善心脏和中枢神经系统的机能。

（二）间歇训练法

间歇训练法可有效提高运动员耐力水平。对于运动员来说，在运动之后进行有效放松，当自身的心率恢复到 120~130 次 / 分钟时，就需要开始下一个锻炼。这是因为间歇训练法要求运动员在身体不完全恢复状态下进行反复练习。它对身体有以下影响。可有效增加人体心肌收缩力和心排血量；能有效改善人体的呼吸功能，尤其是最高摄氧量。

适用于压力时间相对较长、压力强度相对较低的长跑或中长距离跑，间歇训练法可以有效提高运动员的有氧耐力水平。也适用于负重时间相对较短、强度相对较高的中距离跑步。

（三）重复训练法

重复训练法是指以给定的距离、持续时间和重量强度重复锻炼的方法。在不改变动作结构和有效载荷体积的情况下，这种训练方法的主要作用是提高无氧代谢的短跑运动员的耐力水平和混合代谢的中级跑者的耐力水平。

重复训练法是比赛期间训练的主要方法，并且主要在比赛开始时使用。根据运动员的实际情况，刺激的量和刺激的强度可以在一定范围内变化。但一般情况下，刺激量和刺激强度是相对恒定的。

重复训练法的特点是在运动时间内心率恢复到100~120次/分钟时进行下一个运动，运动距离、运动重量和动作有明显的特点。

（四）高原训练法

高原训练法是指在海拔较高、空气中含氧量较低的高原地区进行训练，比如我国在青海多巴、云南昆明等地都有高原培训基地。2 000 m左右的海拔高度可以培养运动员的有氧代谢能力。

高原训练期间，因为高原空气中的含氧量比平原少，这增加了对身体心血管和呼吸系统的需求，提高运动员在训练和适应过程中的通气和呼吸效率。这种改善推动了呼吸和循环的功能发展。

高原训练后运动员血液中的红细胞和血红蛋白会增加，这增加了身体向血液输送氧气的能力，同时扩张和增厚肌肉的毛细血管，大大改善了肌肉细胞的能量代谢和有氧能量供应。

二、耐力素质训练的基本手段

（一）持续慢跑

方法：练习者采用较慢速度持续跑较长的距离，发展有氧耐力。跑的速度、距离、重复次数等应根据练习目的确定。

作用：发展一般耐力，提高有氧供能能力。

要求：在持续慢跑时，心率应达到150次/分钟左右为宜，以发展练习者的一般耐力。

（二）重复跑

方法：固定跑的距离，多次重复，进行该段距离的跑，重复跑时的速度、距离、重复次数等应根据练习目的和练习者的具体情况而定。

作用：发展专项耐力和一般耐力，提高无氧代谢能力水平。

要求：每次练习之间的间歇时间以心率恢复到100～120次/分钟为限，再进行下一次练习。

（三）变速跑

方法：是一种按一定距离变换速度的跑法。在跑的过程中，用中等速度跑一段距离后，再以较慢速度跑一段距离。

作用：发展有氧和无氧代谢能力，提高一般耐力和专项耐力水平。

要求：中速跑与慢速跑交替进行相同的距离，或中速跑的距离较慢速跑稍短一些，变速的交替次数依练习目的而定。

（四）间歇跑

方法：练习者采用快跑一段距离后，再慢跑或走一段距离的中途有间歇的跑法。跑的速度、距离与间歇时采用慢跑或走以及练习的次数，应根据练习目的而定。

作用：发展专项耐力水平。

要求：快跑的速度应使脉搏达到170～180次/分钟，中间间歇；慢跑或走时，脉搏应控制在120次/分钟左右时再重复下一次练习。

（五）越野跑

方法：可采用个人或结伴的形式，进行距离较长、强度较小的在野外自然环境中的跑步，在跑步中应保持正确的跑的姿势，充分利用野外的上坡、下坡等地，进行跑的练习以发展一般耐力水平。

作用：发展一般耐力水平，提高有氧代谢能力。

要求：越野跑时应穿软底鞋，跑的距离及时间根据个人特点和练习目的确定，跑的过程中脉搏应保持在150次/分钟左右。

（六）追逐跑

方法：在田径场或自然环境中，采用多人相互追逐的跑。可选择一定的距离追逐，再慢跑或走，反复追逐。追逐跑的距离、速度根据练习的目的而定。

作用：发展速度耐力、无氧与有氧代谢水平。

要求：同伴之间相互保持 5～10 m 的距离，用中等或较快的速度追逐对方，慢跑时应使脉搏不低于 100 次 / 分钟左右。

（七）匀速持续跑

方法：采用中等速度持续跑较长或一定的距离，在跑的整个过程中，保持一定的速度，用匀速跑完练习规定的距离。

作用：发展专项耐力水平，提高混合代谢能力。

要求：速度达到中等速度，心率保持在 150 次 / 分钟左右，以匀速持续跑一定的距离。

第四节　田径运动灵敏素质训练

敏感性是指运动员在突然变化时迅速、协调和准确地采取行动的能力。它显示了运动员广泛的运动能力和运动素质。训练时的敏感度取决于力量、速度（反应速度、移动速度）、耐力、柔韧素质、协调性、节奏性等素质和能力。这些素质和能力取决于神经系统的灵活性以及特定动作的储备数量。当运动员的身体素质在某个领域得到发展并且运动技能得到专业训练时，敏感性可以得到充分的发展和提高。

运动的敏感度分为一般敏捷性和特定敏捷性。一般敏捷性是指运动员进行各种动作的能力。在体育活动发生突然变化时快速、明智和准确，它是发展特定机动性的基础。特定敏捷性是指运动员执行各种动作的能力。通过基于一般流动性的专业能力和技术连贯性的反复训练，在特定运动中做到快速、精确和协调。

一、灵敏素质训练的基本要求

（一）训练手段应多样化并经常改变

灵敏度的发展与各种分析仪的改进密切相关。运动员可以显示精确的方向能力和在运动中准确快速移动的能力，这取决于分析设备的改进以及运动器官的功能。运动员的运动器官功能在具体训练过程中可以采用以下方法培养。

首先，快速启动或停止各种类型的速度旋转练习，使运动员能够快速、准确、一致地进行各种类型的训练。其次，多做练习。调整身体位置，特别设计复杂的动态练习，如使用运动器械进行躲避、曲折、穿梭等组合练习。最后，各种追逐游戏改变方向，还可进行响应各种信号的游戏或练习。

（二）掌握各项运动技能并提高多种运动能力

创建的运动技能的动作模式越多越好，机动性越强，动作越灵活。因此，需要反复练习。在训练期间，尽快创造条件反射和适当的力量计划，并练习各种运动技能，因为灵敏度是人体综合能力的表现。敏感性的发展必须从训练运动员的各种技能开始，在训练中广泛采用其他运动方法来提高敏感性，以训练运动员控制动作的能力和技巧、反应能力、平衡技能等。

（三）结合专项要求进行训练

灵敏素质具有专项化的特点。由于各体育项目所表现的运动技能差异，因此，应根据运动员的具体需要和特点，采用不同的训练方法进行训练，使训练结果与具体要求相对应。

（四）合理安排训练时间

在训练过程中，需系统性地组织相应的敏感培训，时刻注意练习的时间与次数，保持节奏平稳、速度适当，维持自身平衡能力，以确保运动员敏捷性的持续发展。一般而言，为保证运动员身体健康且维持较为强烈的运动冲动，需要在训练开始之前开展敏感训练。

（五）消除紧张的心理状态

采用多种办法消除运动员的紧张心理，以确保运动员的肌肉不会因为紧张而紧绷，否则将导致运动员反应迟钝，运动协调性降低。在田径体能训练或比赛之前，运动员往往会出现心理过度紧张现象。心理紧张会减弱大脑皮质对自主神经系统和皮层下中枢的调节活动，从而导致呼吸短促、心跳加快，严重者还会表现出四肢颤抖、尿频等症状，这些都会使训练者心理活动出现失常，并且很难在训练中高度集中注意力。另外，心理紧张有可能失去控制自己行动的能力，这些反应会在一定程度上影响训练效果。造成心理紧张较为重要的影响因素主要有睡眠不足、训练过度、恢复不好、对自己期望过高、压力过大、过去失败表象的重现等。克服和调控心理紧张现象，可以根据实际情况有针对性地采取以下5种方法。

1. 表象放松法

所谓表象放松法就是使训练者想象他通常感到放松与舒适的环境，让训练者在头脑里置身于这个环境之中，使身体得到放松的方法。运用这种方法，能够克服训练者的心理紧张，取得较为理想的调控效果。

2. 阻断思维法

所谓阻断思维法就是当训练者由于信念的丧失出现消极思维，引起心理紧张时，训练者利用大吼一声或者向自己大喊一声"停止"，阻断消极的驱动力意识，以积极思维取而代之的方法。通常情况下，教练员阻断训练者的消极思维的方法有很多，比如制定响亮口号或者做一些切实可行的活动等。

3. 排尿调节法

一般来说，情绪紧张会在一定程度上减弱大脑皮质抑制过程，大脑皮质下中枢和自主神经系统调节作用有所减弱，就会出现尿急的现象。因此，人在情绪过分紧张时，往往就会有尿频的现象。由此可以看出，及时排尿可以在一定程度上使训练者产生愉快感，从而较好地放松心理和肌肉。

4. 音乐调节法

音乐调节法就是通过让训练者选择倾听不同的音乐激发其兴奋情绪，使其镇定的方法。音乐给予人的"声波信息"能够使大脑所产生的紧张得到有效的消除，同时，音乐对于人内在注意力的集中也会起到积极的帮助作用，从而保证大脑的思想井然有序，进而达到调节情绪的良好效果。

5. 自我暗示放松法

自我暗示放松法就是通过自我默念和暗示等来放松心情的方法。这种调节心理紧张的方法，一般是在教练员的指导下，让训练者依次将身体的各个肌肉群进行放松，同时使呼吸有所增强，经过几次指导，待训练者掌握一定的方法技巧后，让训练者自己独立完成。通常情况下，训练开始时需要花费较长的时间才能达到全身放松，之后时间会逐渐缩短，最后可用较少的时间达到使全身肌肉得到放松的目的。

二、灵敏素质训练的基本方法

（一）器械练习法

器械练习法包括单人练习和双人练习两类。

1. 单人练习

单人练习包括各种形式的运球、传球、顶球、颠球、托球、追球、接球、多球练习、滚翻传接球练习、悬垂摆动、杠端转体跳下、翻越肋木、钻栏架、钻山羊以及各种专项练习和技巧。

2. 双人练习

双人练习也包括多种形式的运球、传球、接球、抢球、抢断球，以及跳障碍球、踢过顶球接滚翻等练习。下面介绍5个动作。

（1）扑球。两人一组，一人将球抛向另一人体侧使其利用侧垫步、交叉垫步或交叉步起跳向球扑去并接住球。

（2）吊球。将球用绳子吊在空中，形状像钟摆，可高可低，用此球练习传接球等动作。练习时原地将球传向各方或跳起空中抢、打球均可。练习3组，每组持续20 s。

（3）跳起踢球。两人间隔15 m，正面相对。一人抛球至另一人前方或侧方，另一人迅速跳起准确踢球，交替练习。

（4）俯卧传球。两人一组，一人俯卧垫上，利用手支撑和腰腹后屈，接抛向头上部球，并迅速传出。

（5）接球滚翻。两人一组，一人坐在垫上，接不同方向、速度来球。向左、右两侧的球做接球侧滚动。接正面和后面的球做后滚翻。要求尽量加快动作速度。30 s为1组，练习3组。

（二）游戏法

灵敏训练的游戏方法很多，如各种应答性游戏、追逐性游戏、集体游戏等。在灵敏性游戏的设计、选择、运用中，要注意把思维判断、快速反应、协调动作、节奏感等内容有机地结合起来。进行游戏时，要严格执行规则，防止投机取巧，注意安全。

第一种，形影不离，即两人一组，并肩站立。右侧的人自由变换位置和方向，站在左侧的人必须及时跟进仍站到他的左侧位置。要求随机应变，快速移动。

第二种，照着样子做，即两人一组，其中一人做站立或活动中的各种动作，并不断更换花样，另一人必须照着他的样子做。要求领做者随意发挥，照做者模仿逼真。

第三种，水、火、雷、电，即运动员在直径为15 m的圆圈内快跑，教练员接连喊已商定的口令，所有人必须做出与之相对应的动作。要求想象力丰富，变换动作快。

第四种，互相拍肩，即两人相对1 m左右站立，既要设法拍到对方的肩膀，又要防止对方拍到自己的肩膀。要求伺机而动，身手敏捷。

第五种，单、双数互追，即运动员按单、双数分成两组迎面相距1~2 m坐下，当教练喊"单数"时，单数追双数，双数转身向后跑开20 m；当教练喊"双数"时，双数追单数，单数转身向后跑开。要求判断准确，起动迅速。

第六种，抓"替身"，即成对前后站立围成圈，指定一人抓，另一人逃，逃者通过站到一对人的前面来逃脱被抓，后面的人立即逃开。当抓人者拍打着被抓者时，两人交换继续抓"替身"。要求反应快、躲闪灵。

第七种，双脚离地，即运动员分散在指定的地方任意活动，指定其中几个为抓人者，听到教练的哨音后，谁的双脚离地就不抓他，抓人者勿缠住一人不放。要求快速悬垂、倒立、举腿等。

第八种，听号接球，即运动员围圈报数后向着一个方向跑动，教练持球站在圈中心，将球向空中抛起喊号，被喊号者应声前去接球。要求根据时间和空间采取应急行动。

第九种，老鹰抓小鸡，即"小鸡"跟在"母鸡"背后，用手扶住前面人的髋骨，排成纵队。"老鹰"站在"母鸡"前面要抓后面的"小鸡"，"母鸡"伸开双臂设法阻止。要求斗智斗勇，巧用心计。

第十种，围圈打猴，即指定几个人当"猴"在圈中活动，余者作为"猎人"手持2~3个皮球围在圈外，掷球打圈中的"猴"(只准打腿部)，被击中的"猴子"与掷球的"猎人"互换。要求眼观六路，耳听八方，掷球准确，躲闪机灵。

第十一种，跋山涉水，即用各种器械和物体设置山、水、沟、洞等，运动员采取相应运动越过去，山要攀登，水要划行，沟要跳跃，洞要匍匐前进，看谁跋山涉水快。此游戏可分成两组计时比赛。要求协调灵活，及时改变动作。

第十二种，传球触人，即队员分散站在篮球场内。两个引导人利用传球不断移动，追逐场上队员并以球触及场内闪躲逃跑的队员，凡被球触及者就要参加传球，直到场上队员全部被触及为止。要求传球者不得运球或走步违例，闪逃者不准踩线或跑出界外。

第十三种，追逐拍、救人，即队员分散站在场内，指定4名引导人为追逐者，其他队员闪躲逃跑。当有人被追到时，须马上原地站立。两手侧平举。此时，同伴者可去拍肩救他，使之复活逃脱。由于在救人时可能被追拍，因此，该游戏可以培养自我牺牲的精神。要求判断准确，闪躲敏捷，救人机智。

第十四种，"活动篮圈"，即队员分成两组，每组设活动篮圈一个（两人双手伸直，互相握手）。教练抛球，两组跳球开始比赛，设法将球投入对方的活动篮圈中去，比哪组投中次数多。要求按篮球规则进行比赛，活动篮圈可以跑动，但不能缩小，防守队员可以在篮圈附近防守。

第十五种，"火中取栗"，即运动员分成两个小组，一个小组的人手挽手面向外围成一个圈子，以保护圈子中的几个球，另一个小组的人则设法钻进去把球取出来。要求动作灵巧，合理对抗。

第五节　田径运动柔韧素质训练

柔韧素质是指人体关节活动幅度的大小以及跨过关节的韧带、肌腱、肌肉、皮肤及其他组织的弹性和伸展能力。它包括两个方面的含义：一个是关节活动幅度的大小，关节的活动幅度决定于关节本身的结构；一个是跨过关节的肌肉、肌腱、韧带等软组织的伸展性。

柔韧素质在运动中非常重要，它是有效技术改进的必要基础，也是保证体育技术水平提高的根本因素之一。运动员的关节若是不具备较强的柔韧性，就会限制自身力量、速度和协调性的发挥，降低肌肉协调性，影响其他运动素质的发展，并且通常会造成肌肉和韧带损伤。

一、柔韧素质训练的基本方法

（一）静态拉伸练习法

静态拉伸运动被定义为通过缓慢运动使软组织（肌肉和韧带）拉伸到一定程

度的运动，并且锻炼方法保持静态。这种方法的一个重要特点是它可以长时间刺激肌肉和肌腱的伸展。

进行静态拉伸运动时，肌肉和软组织都有一定程度的拉伸。保持静止的时间一般为 8~10 s，重复次数为 8~10 次。伸展运动对肌肉和肌腱灵活性的发展有积极的影响，并且也是培养弹性的主要方法。静态拉伸运动强度偏低，运动范围很大，这有助于保持身体的力量，并且可以轻松操作，不需要特殊的健身房和其他训练设备。

静态伸展运动有两种形式：主动拉伸和被动拉伸。主动拉伸法是指练习者主动进行所有练习的方法。常用单项或多项练习、摆动或静止练习、负重或非负重练习，在各种条件下保持稳定姿势的静态练习。被动拉伸是一种使用外力（设备、辅助设备、重量等）的移动性锻炼。

（二）动态拉伸练习法

动态拉伸运动法是指有节奏地、快速地将同一事物重复多次的伸展运动法。

动态拉伸运动法的主要特点是在主动拉伸中，肌肉力量变化的最大值约为静态拉伸的两倍。在练习弯曲和伸展运动等各种运动时使用，结合个人属性的挥杆练习和柔韧素质练习具有较好效果。

动态拉伸运动可以触发牵张反射，这可以改善运动区域肌肉群的伸展和收缩。动态拉伸还可以增加运动过程中的血流量，改善肌肉、肌腱和其他局部组织的营养，这将有助于提高肌肉灵活性。

（三）PNF 拉伸练习法

PNF（Proprieceptive Neuromuscular Facilitaton，本体感觉神经肌肉促进技术）法是由神经、肌肉和本体感觉共同参与的以神经发育为促进方法的治疗手段。由美国内科医生、神经生理学家赫尔曼·卡巴特（Herman Kabat）在 19 世纪 40 年代创立，开始主要用于儿麻、脑瘫和多发性硬化的患者，后来证明它可以帮助许多因肌力、运动控制、平衡和耐力有问题的患者，如脊髓损伤、骨关节和周围神经损伤、脑外伤和脑血管意外等，直到近年来 PNF 法才被当作正常人改善肌肉柔韧素质的伸展练习方法。

据国外有关研究证明，PNF 法可以有效地避免牵张反射现象发生，降低肌肉拉伤的发生率，是一种非常有效的肌肉伸展和柔韧素质练习新方法。因此，在国外运动实践中，PNF 法已经开始广泛地应用在运动训练的准备活动、运动恢复及力量训练中。随着人体神经生理学研究的不断深入，传统的柔韧素质练习方式得到了进一步的丰富和发展。

现在流行的 PNF 法，其分类主要有收缩肌主动收缩的保持—放松法、保持—放松法和收缩—放松法等三种，其练习性质主要为双人配合练习。

1. 收缩肌主动收缩的保持—放松法

以伸展股后肌群的收缩肌进行主动收缩的保持—放松法（见图 2-16）为例，其具体操作方法分为以下三个阶段：首先，运动员仰卧，膝关节伸直，脚踝呈 90°，运动员完全放松，在同伴或体疗师的帮助下，推一腿弯曲髋关节至有轻微酸痛感，持续 10 s；然后，运动员不主动发力，被动地保持住腿的位置，以对抗同伴或体疗师的推力，持续 6 s；最后，运动员放松股后肌群而收缩股四头肌（收缩肌），主动朝推力的方向用力，以协助同伴或体疗师更进一步地伸展股后肌群（拮抗肌），这一阶段持续 30 s。此时再一次从这个新的关节角度开始，肢体就可以更容易地被移动到一个更大的伸展范围中。运动员肢体的伸展范围在最初几次练习后提高幅度明显，之后提高的幅度开始下降，因此，这种练习一般宜重复 3~5 次。

 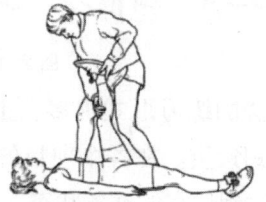

图 2-16　收缩肌主动收缩的保持—放松法

2. 保持—放松法和收缩—放松法

保持—放松法和收缩—放松法其动作外部形式与收缩肌主动收缩的保持—放松法相类似，同样以伸展股后肌群为例。在保持放松法中，第一阶段和第二阶段与收缩肌主动收缩的保持—放松法相同；在第三阶段，运动员完全放松大腿前后群肌肉，在同伴或体疗师的推力下，股后肌群持续伸展 30 s。而在收缩—放松法中，10 s 的第一阶段和收缩肌主动收缩的保持—放松法相同；在第二阶段，运动员大腿后群肌主动发力，朝同伴或体疗师推力相反的方向用力，主动地对抗推力，持续 6 s；第三阶段和保持—放松法相同。

3. PNF 法的原理

PNF 法如此有效，除了传统理论中提到的本体感受肌梭牵张反射和腱梭反牵张反射的作用外，还利用另外两种神经生理现象。第一，肌肉在持续 10 s 的推的阶段所能达到的最大等长收缩致使肌肉紧张度增加，因而在肌肉还未达到伸展位置之前便刺激腱梭，从而使拮抗肌做反射松弛，使拉伸的肌肉能够达到更大的伸展范围，这种在收缩过程中的拮抗肌的松弛现象被称为体内抑制现象。第二，在肌肉放松阶段，拮抗肌放松并被拉伸，同时收缩肌作最大限度的等张收缩，使收缩肌肉伸展趋向极限。在任何协调肌群中，收缩肌的收缩都会引起拮抗肌的反射性松弛，使得肌肉伸展并保护它不受伤，这种现象称为交互抑制现象。因此，从理论上讲，通过 PNF 法可以使肌肉伸展得更充分，锻炼程度高于静力伸展和动力伸展的任何一种，且运动员不易受伤。

4.PNF 法在训练中的应用

下面介绍几种 PNF 法的具体练习手段（见图 2-17，具体方法和原理同上）。

图 2-17　拉伸大腿内侧肌群三法

PNF 法的练习形式很多，上肢、下肢、躯干等各个部位都可以利用 PNF 法来发展柔韧素质。在各个项目的准备活动中用 PNF 法可以更好地发展柔韧素质，使运动员达到适宜的准备状态，在整理活动中用 PNF 法可以使肌肉得到更大程度的放松，并且能够很好地防止运动损伤的发生，同时也能防止力量性肌肉肥大的发生，更好地保持肌肉力量的可持续增长。

PNF 法的具体方法可以根据原理自己设计，如果条件不允许或时间限制，也可以借助器械尝试单人的 PNF 法，并且可以与静力性和动力性等练习方法组合运用，会取得很好的柔韧和伸展练习效果。

二、柔韧素质训练的基本手段

（一）肩部柔韧练习

1. 压肩

（1）腿站立，体前屈，两手扶同髋高的肋木或跳马，挺胸低头（或抬头），身体上半部上下振动（见图 2-18）。

(2)背对横马,练习者仰卧在马上,另一人在后面扶着他的肩下压。要求把肩背部置于横马末端,压肩由轻到重。

(3)体前屈,两手后面交叉握、翻腕,向上振动。要求两臂、两腿伸直,幅度由小到大。

图 2-18 压肩

2. 拉肩

(1)背对肋木站立,两臂上举,两手握肋木,抬头挺胸向前拉肩。要求胸部前挺,肩放松,幅度由小到大。

(2)面对低山羊做手倒立,另一人帮助前倒进行推肩拉肩。要求手离山羊近一点,幅度由小到大。

3. 吊肩

肋木、单杠、吊环反吊悬垂。要求开始可吊起不动,然后加摆动作,肩放松拉开(见图 2-19)。

图 2-19 吊肩

4. 转肩

（1）单杠、吊环收腹举腿，两腿从两臂间穿过，落下成后悬垂，又还原做正悬垂。要求后悬垂时沉肩放松到极限。

（2）单杠悬垂，收腹举腿，两腿从两臂间穿过，落下成后悬垂，松一只手转体360°成悬垂，然后换另一只手做。要求转动时肩由被动转动到主动转动，由逆时针到顺时针进行转动。

（3）利用体操棍、竹竿或绳子、橡皮带做转肩练习，随着灵活性提高，两手间握距逐步缩短，但要注意两臂同时转，不要先后转肩。要求肩放松，将主动练习和被动练习结合起来转肩。

（二）胸部柔韧练习

（1）仰卧背屈伸。可自己独立做，也可一人压腿，运动员只抬上体。要求主动抬上体，挺胸。

（2）虎伸腰。跪立，手臂前放于地上，胸向下压。要求主动伸臂，挺胸下压。

（3）面对墙站立，两臂上举扶墙。要求尽量让胸贴墙，幅度由小到大。

（4）背对鞍马头站立，身体后仰，要求充分伸臂，顶背拉肩，挺胸。

（三）腰部柔韧练习

1. 甩腰

运动员做体前屈和体后屈的甩腰动作。要求幅度由小到大，充分伸展背和腹肌。

2. 仰卧成桥

仰卧开始，两手反掌于肩后撑垫挺起胸腹，两臂伸直顶肩，拉开肩成桥。也可由同伴帮助，逐步过渡到独立进行。随着训练水平提高，手和脚的距离逐步缩小（见图2-20）。

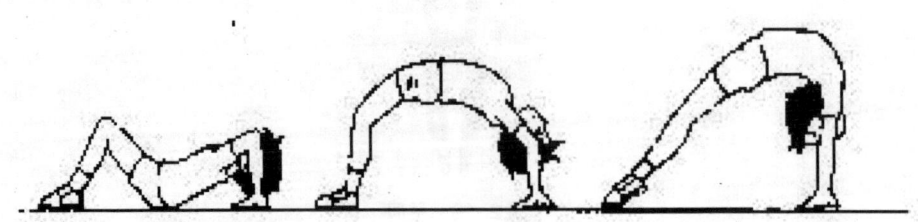

图2-20 仰卧成桥

3. 体前屈

体前屈练习方法很多,这里介绍以下几种。

(1)腿伸直并拢体前屈,两臂在两腿后抱拢,静止不动,停止一定时间。要求胸贴大腿(见图 2-21)。

(2)坐垫子上,两腿伸直,同伴助力扶背下压。还可将两腿垫高,加大难度。要求下压一定时间后,再停留一定时间抱腿。

(3)分腿站立体前屈,上体在两腿中间继续甩动。要求肘关节甚至头部应该向后伸出。

(4)运动员坐垫子,两腿分开置于 30~40 cm 高长凳上,运动员钻入板凳下,教练员两手按其背下压。要求两腿伸直,挺胸,抬头。

(5)运动员面对肋木坐下,臀部与肋木间垫实心球,两臂向上伸直握肋木,教练员在运动员背后半蹲,两手握运动员两足前摆。要求腿要直,不能对抗用力。

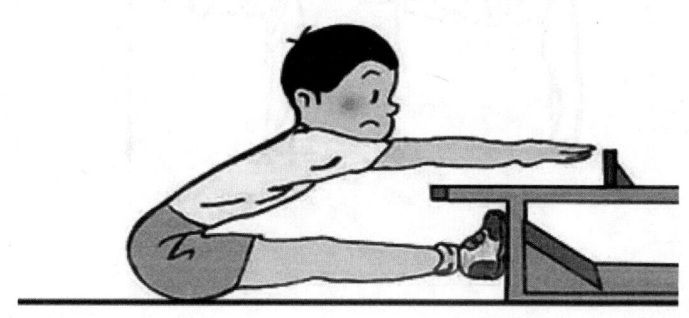

图 2-21 体前屈

(四)腿部柔韧练习

腿部柔韧训练,主要发展腿部前、侧、后的各组肌群伸展和迅速收缩的能力,以及髋关节的灵活性。

1. 压腿

压腿分正压、侧压和后压三个方向,将腿放在一定高度进行练习。要求正压时髋正对腿部,侧压和后压时将髋展开(见图 2-22、图 2-23、图 2-24)。

图 2-22 正压腿

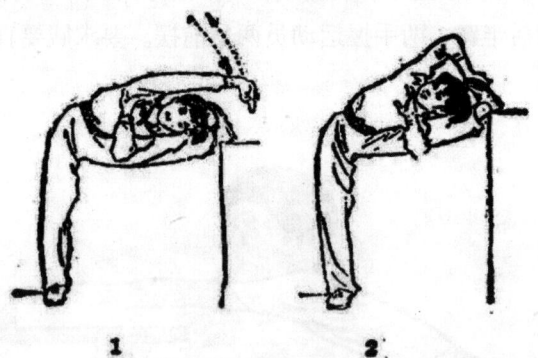

图 2-23 侧压腿

图 2-24 后压腿

2. 开腿

开腿分正、侧、后三个方向，可由同伴把腿举起加助力按。要求肌肉放松，不要主动对抗用力。

3. 踢腿

踢腿可扶杆踢，也可行进中踢。常用踢腿方法有正、侧、后踢腿。还可采用两腿分别向异侧 45° 方向踢出的十字踢腿。

4. 踹腿

踹腿要领同正踢腿。踢左腿时，左腰要向异侧 45° 方向踢起，并自右经前至左划一弧形，到左侧时用右手击打脚面，踢右腿时同上法，相反方向也可做。要求每次踢腿时，膝关节一定要伸直。

5. 控腿

控腿按舞蹈基本功姿势，腿在三个方向上举，并控制在一定高度上。包括以下 3 种方式。

（1）前控腿。有两种方法，一种是直腿抬起向前控腿，另一种是膝盖先抬起然后伸直控腿。

（2）侧控腿。要求上体正直，抬起腿时，髋关节必须展开，脚掌对准体侧，臀部不能向后突。

（3）后控腿。要求上体正直，后举腿的髋关节不能外旋，脚掌向上。

6. 弹腿

弹腿先将大腿向上提起控制不动，然后小腿迅速有力地前踢，伸直膝关节（见图 2-25）。

图 2-25 弹腿

（五）踝关节和足背练习

通过增加脚踝的柔韧素质，可以提高跳跃能力。因为在小腿肌肉、比目鱼肌和足跟肌腱被拉伸后，肌肉会随着收缩而变得更强壮。脚背的柔韧素质好，不仅能增加肌肉收缩，还能让姿势看起来优雅。

踝关节需要操作者支撑肋骨，将前脚放在椅子的边缘。上下推动重量然后在脚踝的最高角度停顿片刻，以拉长肌肉和肌腱。

足背练习需要练习者跪在垫子上，用自己的体重推动脚尖。或者，脚趾可以抬起，使脚的顶部在空中，然后向下推以增加力量（见图2-26）。练习者也可坐在垫子上，将重物放在脚趾上以按压脚背。另外，靠墙站立可以实现手腕运动。来回推动重心，用左右手的手掌挤压左右手的四个手指。

图2-26　足背练习

第六节　田径运动运动协调能力训练

"运动协调能力"一词在日常生活和体育方面的文献中被广泛使用。运动员的"柔韧"体能训练还包括运动协调能力的发展。并且这种能力可以追溯到技术训练和水上作战训练。运动协调能力可以理解为：一是创造能力；二是完成动作，改变所发生的动作模式或从某种行为转移到另一种依赖的行为。这些技能大多数是相似的，但它也有自己的特点。例如，一个体操运动员可以学习新的复杂动作序列，但如果突然改变了一定的条件，他就无法立刻高质量地展示出来。尤其运动协调能力是指各部位的能力，也可以称为快速改变身体或部位运动方向的能力。运动员的身体在时间和空间上协同工作，以合理有效的方式完成运动。运动协调能力是各种运动技能的综合，包括力量、反应时间、运动速度、爆发力和协调性，表现在躲避、曲折、急停和启动等活动中。

当生理学表征协调能力时，其主要作用是赋予中枢神经系统的协调功能等特性，伊万·彼得罗维齐·巴甫洛夫（Ivan Petrovich Pavlov）称之为可塑性。毫无疑问，高质量协同操作的可能性取决于特定分析功能的完善程度。

运动协调能力分为一般协调能力和特殊协调能力。一般协调能力是指运动员进行一般练习的协调能力。而特殊协调能力是指运动员在进行特定练习时所表现出的协调能力。

一、运动协调能力训练的基本方法

（一）综合练习法

综合练习法是指对影响运动协调能力发展的部分或全部动作进行练习，以提高运动员运动协调能力的锻炼方法。大量练习可提高技术灵活性，提高运动质量并培养运动员的分析和判断能力。各种技术动作与综合练习，可以有机混合，增加训练效果，提高和发展运动协调能力。

（二）游戏法

游戏法以玩游戏的方式进行，意味着采用充满活力的训练方法，各种风格和有趣的游戏形式也可以练习发展肌肉协调能力。游戏法可以激发运动员训练的兴趣和比赛的感觉，使其能够以良好的心态进行练习，提高自觉的训练兴趣和积极性。游戏法对移动的要求不那么严格，并且对运动员独立运用多种动作、动作的适应性和协调性的训练有积极的作用。

二、运动协调能力训练的基本手段

（一）平衡走

方法：练习者站在跑道的内圈或外圈的水泥道沿上，两腿交替向前自然走步，两脚落点必须在道沿上。

作用：发展身体的协调动作能力。

要求：自然向前走，保持身体平衡。

（二）平衡侧交叉步走

方法：侧立于田径场的内圈或外圈的水泥道沿上，右腿屈膝向左侧迈步，成侧立交叉步，随之左腿向左上步，与右腿并步，反复交替进行。

作用：提高协调身体动作的能力。

要求：两脚平行站立，逐渐加快步速。

（三）小垫步走

方法：两脚前后站于跑道的内侧或外侧道沿上，右腿在前站立并向前上一步，随之左腿在后垫一小步；左腿向前上一步，右腿在后随之小垫步走，两腿交替前进。

作用：发展身体灵活性及协调能力。

要求：眼平视前方，保持身体平衡。

（四）双脚小跳步走

方法：身体侧向，两脚平行站于跑道的内侧或外侧道沿上，双脚同时蹬地跳起并向左（右）侧小跳步，沿道沿不断前进。

作用：发展动作的灵活性和协调身体姿势的能力。

要求：双臂配合协调并保持身体平衡。

（五）高抬腿走

方法：两脚前后站于跑道的内侧或外侧道沿上，左腿直立，右腿屈膝高抬，两臂屈肘前后摆出。右腿下落直立提踵，随之左腿屈膝高抬，两臂前后摆动，持续走一定距离。

作用：发展动作协调能力。

要求：高抬腿，高重心，保持身体平衡。

（六）小步跑

方法：两脚前后开立站于障碍架或跑道的内侧或外侧道沿上，呈站立式起跑姿势。听信号后，小步向前跑动，跑一定距离。

作用：发展身体协调能力和准确性。

要求：上体保持前倾，小步快跑并保持平衡。

（七）开腿跳

方法：双脚平行并拢站立于障碍架或跑道的内侧或外侧道沿上，双手叉腰，双脚蹬地跳起后分腿、落地，然后又还原成预备姿势的双脚并拢，反复跳。

作用：发展身体平衡灵活能力，提高协调能力。

要求：分腿后脚落地间距与肩同宽或稍宽于肩，保持平衡。

（八）单足侧跳

方法：单足侧向站于跑道的内侧或外侧道沿上，另一腿屈膝。单足蹬地后向左或右侧横跳一小步，跳一定的距离。

作用：发展身体动作的灵活性和协调能力。

要求：保持身体平衡，双臂协调摆动。

（九）手倒立走

方法：在草坪或平坦场地上手倒立起，两手交替向前走动，走一定距离或在同伴的帮助下手倒立走一定距离。

作用：发展身体动作的准确性和灵巧性。

要求：向前换手时，重心置于支撑臂上。

田径项目较为繁多，在训练手段上应随机应变，灵活掌握。路漫漫而坚定信念，困难重重而坚韧不拔，业精于勤，博学活用，没有一种手段是一成不变的，也没有一个项目的学习训练只有一种或者没有方法。[①]

---

① 武洪涛：《田径运动训练中有效训练手段的选用》，《文学教育（中）》2010年第9期，第39页。

第三章

田径运动中走跑类项目的教学与训练

本章的主要内容为田径运动中走跑类项目的教学与训练，共包含五个方面，分别是竞走的教学与训练、短跑的教学与训练、中长跑的教学与训练、接力跑的教学与训练、跨栏跑的教学与训练。

第一节 竞走的教学与训练

一、竞走的教学设计

(一)教学目标

1. 认知目标

使学生了解竞走项目的发展过程;了解竞走的定义、竞赛规则和裁判方法;了解竞走技术结构、教学重点与难点;了解制约竞走运动成绩的因素;了解竞走项目特点、锻炼价值和文化特征。

2. 技能目标

使学生掌握竞走的基本技术,能够比较准确地讲解竞走技术结构和动作要领;能够对错误动作进行分析,并给出纠正错误动作的具体方法;能够针对学生的年龄特征和心理特点进行竞走教学设计,并能较好地组织竞走教学。

3. 情感目标

培养学生对竞走学习的兴趣和求知欲;培养学生吃苦耐劳、坚毅顽强的意志品质;培养学生遵纪守法、公平竞争的意识;培养学生团结互助的合作精神。

(二)学习者分析

在体育教育专业的田径必修课教学大纲中,竞走通常是作为一般性或介绍性内容出现在田径教学中,且安排得比较靠后,学生在学习竞走前已经掌握了一些田径的基本理论和运动技能,学习竞走技术的难度不是很大,加上竞走与平时生活中的普通走有较大区别,更具有观赏性,学生学习竞走的积极性比较高,这对掌握竞走技术是非常有利的。

(三)教学内容分析

1. 竞走的特点和健身价值

(1)竞走的特点。竞走时的步幅大、步频快,竞走时步长达到 100～120 cm,

步频达到 200 步 / 分钟以上。走的过程中身体重心平稳地向前移动，身体重心上下波动幅度小，一般不超过 5 cm，两臂和肩部活动幅度大。为了增大步幅，骨盆绕支撑腿髋关节垂直轴转动明显，为了支撑腿膝关节伸直，骨盆绕支撑腿髋关节矢状轴转动适度。

技术动作具有良好的经济性和实效性。竞走比赛时间长，能量消耗多，以有氧供能为主，运动员具有良好的心血管系统功能和呼吸系统功能。由于比赛时间长，运动员要有顽强的意志品质，能够吃苦耐劳。竞走比赛时在若干个裁判员的监督下，按照田径竞赛规则对竞走的定义，检查运动员走进过程中是否符合规则，谁违反了规则，裁判员就会给予警告，三次警告后取消其继续比赛的资格。判定运动员是否腾空或在前支撑阶段支撑腿膝关节是否伸直，是以竞走裁判员的眼睛观察为依据。因此，利用人的眼睛识别率的阈值，改进运动员的竞走技术，对提高竞走成绩有积极意义。

（2）竞走的健身价值。竞走不仅是一项竞技项目，而且具有良好的健身作用。经常练习竞走能有效地提高耐力素质，增强腿部肌肉力量和髋关节、膝关节及踝关节的灵活性，提高呼吸系统和循环系统的机能，培养吃苦耐劳、坚毅顽强等意志品质。练习竞走不受年龄、性别、季节、场地和设备等条件的限制，是一项容易在群众中开展的健身项目。

2. 决定竞走成绩的主要因素

竞走成绩的优劣，主要取决于竞走时步长的大小与步频的快慢。加大步长或加快步频均可以提高竞走的速度。

竞走时的步长为两脚着地点之间的水平距离，它受后蹬距离、着地距离制约。后蹬距离大小受腿长、后蹬腿伸展程度以及后蹬角度等因素的制约。因此，在合理的后蹬角度下，充分伸展髋、膝、踝关节，有利于增大后蹬距离。着地距离受腿长、着地角度以及骨盆绕支撑腿髋关节垂直轴转动程度等因素的制约。因此，在合理的着地角度下，骨盆绕支撑腿髋关节垂直轴转动，有利于增大着地距离，从而增大步幅。

步频是单位时间内走的步数。步频的快慢取决于完成每一步所用时间的长短，而这一时间又包括单支撑时间和双支撑时间。因此，缩短单支撑时间和双支撑时间，就可以提高步频。

竞走时脚跟着地后迅速滚动到全脚掌，身体重心迅速前移。当身体重心移过支撑点垂直上方时，快速伸展髋关节、踝关节和趾关节，同时蹬离地面的腿，脚尖离地较近，大小腿呈自然折叠状态，以便缩短下肢摆动过程中的移动路线，节省摆动时间，两臂也协调配合快速摆动，这对缩短单支撑时间有促进作用。而缩短双支撑时间需要前脚脚跟着地的同时，后脚脚尖蹬离地面。

竞走比赛的距离都比较长，其身体活动以有氧供能为主，能量消耗较多。虽然竞走时身体重心轨迹呈上下左右的微波浪形，但上下起伏一般不超过 5 cm，脚的落地点基本上是在一条直线上，身体重心平稳地向前移动，以便减少身体重心移动的路程。由于长时间连续走进，能量消耗多，比赛后程走进的速度有所下降，但在比赛开始后的大部分时间中，应以匀速走为主，这样比较节省能量，动作结构相对稳定，不容易出现技术犯规现象。

3. 竞走技术教学的重点

（1）骨盆绕支撑腿髋关节垂直轴的转动。竞走的速度比普通走快的原因之一是竞走的步幅较大，步幅的增大主要是靠骨盆绕支撑腿髋关节垂直轴转动实现的。在竞走教学中，教师应采取有效的教学方法和手段，加强学生在迈步过程中骨盆绕支撑腿髋关节垂直轴的转动练习。

（2）支撑腿在前支撑阶段膝关节应伸直。为保证支撑腿膝关节在前支撑阶段伸直，脚跟接触到地面时脚尖向上翘，在脚掌如履带式向前运动，身体重心迅速向前移动的过程中，持力腿的膝关节最大程度伸展，膝关节伸展的动作连续不断到垂直支撑面。这时持力腿一旁的髋和膝的高度比摆动腿一旁的髋和膝的高度要高。

（3）掌握双支撑技术。在教学进程中，要认真领会前脚脚跟着地，脚尖上抬和后脚脚跟蹬地同时进行的动作要领。与此同时，也应认真领会前脚脚跟和后脚脚尖站立不动和低速率大步行走时前脚脚跟和后脚脚尖一同接触地面的肌肉感觉。虽然田径规则强调了没有（人眼）可见的腾空，但对于初学竞走者来说，还是要准确地掌握双支撑技术，为今后的进一步提高打下坚实的基础。

（4）走进过程中身体重心平稳移动。在竞走时，身体重心浮动范围小，不仅具有减少身体重心运动路程的效果，还具有保存体力和防止腾空违规的效果。从接触地距离、脚着地方式、后蹬方向等角度思考，为了在走进过程中保持身体重心的稳定，通常要求在上下两方向上，重心浮动范围应尽可能小，不能大于 5 cm。

4. 竞走技术教学的难点

在竞走技术教学过程中，技术动作的协调、自然和放松是最大的难点。在刚开始开展竞走技术教学时，应注意行走的距离不应过远，行走速度不应过快，防止发生学生动作不协调和身体紧张的常见现象，教学过程中教师要始终强调动作的自然、协调和放松。

（四）教学策略

1. 准备活动

竞走教学过程虽然运动强度不大，但肩、髋、膝和踝各关节的活动幅度较大，多次重复同一个动作，走的时间一长，身体容易紧张。因此，进行竞走练习前，教师应重点加强学生肩关节和髋关节不同方向的活动范围，加强膝关节和踝关节的屈伸练习。伸展颈部、肩带、躯干和下肢肌肉群，特别要加强伸展屈伸髋关节、膝关节和踝关节的肌肉，这样有利于练习过程中使动作自然和放松，有利于学生竞走技术的掌握。

2. 技术教学

（1）建立正确的竞走技术概念。教学手段如下：①通过技术挂图及教师示范和讲解等手段，向学生介绍竞走技术特点、竞赛规则，使学生对正确的竞走技术及特点有一个全面的了解；②讲解竞走技术特点，强调竞走的健身价值，激发学生学习竞走的积极性。

教学提示：讲解要简明扼要，抓住关键，根据教学的需要做重点动作的示范。

（2）初步学习、体会竞走技术。教学方式有如下几种：①沿直线大步行走 60~100 m，学生应该用脚跟先接触地面，与地面接触时膝关节伸直，动作轻松自然，步子幅度宽广；②在慢速和中速竞走 100 m 时，学生应从脚跟与地面接触时开始到垂直持力膝关节伸直，前脚掌脚跟接触地面时后脚脚尖离开地面，在蹬地的过程中，领会髋关节和踝关节伸展的动作要领。

教学提示：学生用脚跟先与地面接触是动作的关键点，通过脚掌外侧快速履带式前进到整个脚掌，接触地面瞬间伸直膝关节，伸直膝关节要持续到垂直支撑。强调学生后蹬动作结束后，脚尖靠近地面向前摆动，防止出现腾空。

（3）改进提高骨盆绕支撑腿髋关节垂直轴的转动动作。教学手段如下：①两腿左右稍开立，原地踏步走，大幅度向前送髋，体会骨盆绕支撑腿髋关节垂直轴的转动；②用交叉步向前行走时，领会骨盆环绕持力腿髋关节垂直轴的转动；③慢速与中速竞走约 100 m，步幅开阔，重点掌握骨盆绕支撑腿髋关节垂直轴的转动方法，同时领会脚跟先接触地面快速滚动到全脚掌的动作要领。

教学提示：在骨盆环绕持力腿髋关节垂直轴转动的练习过程中，学生应该将髋部前移。使学生明确该练习的目的是增大步幅。

（4）改进提高骨盆绕支撑腿髋关节矢状轴的转动动作。教学手段如下：①两腿左右稍开立，脚掌不离地反复将体重由一腿移至另一腿，体会脚掌稍离地的练习。非支撑腿的髋部下沉，支撑腿膝关节充分伸直，使支撑腿同侧的髋和膝分别高于非支撑腿侧的髋和膝；②站在台阶上，一条腿靠近台阶的边沿站立支撑体重，充分伸直膝关节，另一腿悬空，髋部做上提和下沉动作；③慢速和中速竞走 100 m 左右，重点改进骨盆绕支撑腿髋关节矢状轴的转动方法，同时体会脚跟着地后迅速滚动到全脚掌的动作过程。

教学提示：在训练骨盆环绕持力腿髋关节有方向的轴转动时，学生应将持力腿放在前面且在持力阶段膝关节应最大程度伸直，垂直支撑的关键点，支撑腿同一边的髋和膝应比摆动腿同侧的髋和膝高。

（5）改进提高支撑腿在前支撑阶段膝关节伸直的动作。教学手段如下：①两腿前后开立，前脚脚跟着地，后脚前脚掌着地。随着后腿屈膝前摆，身体重心由两腿之间迅速前移至前腿上，此时支撑腿膝关节充分伸直，且髋和膝的位置分别高于摆动腿的髋和膝；②慢速和中速竞走 100~150 m，改进、提高支撑腿从着地至垂直支撑膝关节伸直的动作质量。

教学提示：在改进支撑腿膝关节伸直的动作过程中，强调着地时脚尖上翘，用脚跟先着地。着地时膝关节伸直至垂直支撑，垂直支撑时，支撑腿髋和膝的位置分别高于摆动腿的髋和膝。

（6）改进提高摆臂和肩部动作。教学手段如下：①两腿左右方向张开略大于肩宽的距离站立，原地做以肩关节为轴的屈肘摆臂训练，在此过程中，两肩适当环绕人体垂直轴转动；②慢速与中速竞走 100~150 m，熟练规范的摆臂动作和髋关节与肩关节冠状轴适当的扭转动作是动作要点。

教法提示：在改进摆臂和肩部动作时，应先进行直臂摆动训练，对前后摆动的要求是身体和肩的放松，对屈臂摆动的要求是幅度大且放松。

（7）改进提高弯道竞走技术。教学手段如下：①沿半径为 10~15 m 的圆圈竞走；②在田径场弯道上竞走 100~120 m。

教学提示：强调弯道竞走时身体姿势的变化，蹬地时脚着地部位的变化，以及向前摆腿、摆臂方向的变化。

（8）巩固完善竞走技术。教学手段如下：①中速竞走 100~400 m；②中速竞走 200 m 和快速竞走 200 m 相结合的变速走；③竞走 400 m 或 800 m。

教学提示：向学生介绍竞走比赛的裁判工作方法，强调走进过程中支撑腿膝关节在前支撑阶段要伸直，不能出现人眼能观察到的腾空，同时强调动作的协调放松。可逐渐增加走的距离，适当提高走的速度。可以把对技术的掌握程度作为标准将学生划分为多个小组，每个小组以一个队伍的方式开展练习。教师能够挑选恰当的位置考查学生的技术动作，并对学生技术上存在的问题，进行及时指导。

3. 易犯错误、产生原因及纠正方法

（1）支撑腿在前支撑阶段膝关节弯曲。产生原因：受已有跑的前支撑阶段着地缓冲动作定型干扰；脚着地时脚掌上翘不够，脚跟先着地不明显；骨盆绕支撑腿髋关节矢状轴转动不够；伸膝肌肉群力量弱。纠正方法：通过观看技术图片、教师示范和进一步讲解，明确竞走前支撑阶段膝关节伸直的技术特点；进行骨盆绕支撑腿髋关节矢状轴转动的专门性练习；进行跷脚尖的专门练习，发展伸膝肌肉和胫骨前肌力量，提高踝关节的灵活性。

（2）明显的双脚离地腾空。产生原因：步频过快，步幅过大，走速超过自己的实际水平；后蹬角度过大，使身体重心升高过多；向前摆腿过程中大小腿折叠过多，脚离地面过高。纠正方法：依据自己的实际水平，确定合理的步频和步长；减小后蹬角度，平稳地向前移动身体重心；蹬地后大小腿自然折叠，脚靠近地面向前摆腿。

（3）骨盆绕支撑腿髋关节垂直轴转动幅度小。产生原因：髋关节灵活性差；向前摆腿时送髋动作幅度小；两臂前后摆动幅度小。纠正方法：加强提高髋关节灵活性的各种专门性练习；进行向前摆腿送髋的专门练习；加大两臂摆动幅度，并适当加大两肩绕身体垂直轴的转动幅度。

（4）垂直支撑时骨盆绕支撑腿髋关节冠状轴转动幅度小。产生原因：动作概念不清；支撑腿膝关节没有充分伸直；支撑腿伸膝肌肉力量差。纠正方法：进一步说明该转动有利于支撑腿膝关节的伸直；强化骨盆绕支撑腿髋关节冠状轴转动的专门练习；加强伸膝肌肉群的力量练习。

（5）步频慢。产生原因：竞走的节奏感差，动作紧张。纠正方法：按击掌或节拍器的节奏走进，下坡加快步频走进，加强协调性练习。

（6）动作紧张不协调。产生原因：完成动作的方法不合理，上下肢协调配合差。纠正方法：提高竞走时的上下肢动作质量，身体放松，并加强协调性练习。

二、竞走运动的训练

(一) 力量训练

1. 竞走的力量训练方法

在运动训练理论和时间等方面多年研究的基础上，教学人员、科研学者和教练员经过发明创造，探索出很多力量练习的方法和措施。在不一样的划分标准下，也可以划分出不一样的练习方法。如根据力量产生过程中肌肉收缩的主要形式，可以把这些练习方法分为静力性练习和动力性练习两大类，然后可以根据肌肉收缩的速度和方向进一步进行区分。

运动员在进行多种类型的练习时，能够承受包含各种重物、自身重力、同伴的阻力或电刺激负荷等不同类型的负荷。不同的力量素质训练时，应该挑选对应的负荷量度和练习方式。

在真实的力量训练过程中，全方位、合理、科学地挑选恰当的训练方法具有十分重要的作用，既应吸取传统力量练习方法的经验，又应和所从事专项的技术要求与特点相融合，只有这样才可以切实提升运动员的专业素养，获得满意的预期效果。在竞走项目的力量练习中，最先应想到与竞走运动相关的运动关节、相连韧带、肌肉群等组织，并对力量训练制订特定的训练计划，从而获得理想的训练效果。在当代竞走项目中，小负荷强度、长时间的大负荷量条件下开展训练是常用的方法，与此相对应的训练方法包括间歇训练法、循环训练法。当今，像功能性力量训练法、核心力量训练法和振动力量训练法等是最受教练员和大多数体育教师欢迎的方法，从某一层面上提升了竞走运动训练的质量。

2. 竞走力量训练的手段

力量训练方式有三个特性，即相似性、普遍性和广泛性，包括竞走项目在内，各项目间具体的训练方式没有显著差异。在我国，专业竞走运动员最常运用的力量训练方式如下。

（1）负重抗阻练习。如使用杠铃、哑铃、壶铃等运动器材来增加竞走运动员四肢的力量水平。

（2）对抗性练习。如双人拉、顶、推等凭借对抗双方短时间的静力相互作用提高力量水平。

（3）克服弹性物体的练习。如运用拉力绳、拉力器、弹性皮带等器材，根据要让弹性物体产生变形应克服相应阻力的原理来提高力量水平。

（4）利用力量训练器械。应用力量训练器材，能够让身体无论处于何种姿势（立、坐或卧）都能进行练习，能够对运动员所用到的肌肉力量进行直接锻炼，使得训练更具相应的效果。应用力量训练器材还能降低运动员的心理压力，提高自身的自信心，防止不良运动事故的发生。

（5）克服外部环境阻力的练习。如应用草地、沙地和海水等天然具备的优势条件开展力量素质训练。这些天然条件可以起到增加训练阻力的作用，能够进一步促进运动员环境适应能力的提升和动作姿势的规范，同时也能自然而然地增强自身的力量水平。

（6）克服自身体重的练习。人体本身具备的体重是运动员自由进行锻炼的优良基础，如纵跳、倒立行走、日常的引体向上等，这种训练都是通过四肢的远端持力完成，机体局部被动承担体重，从而对机体局部起到锻炼效果。

（7）电刺激。也就是用电刺激提高力量能力，把电极分别放在肌肉的开始和终止端，依靠电流的刺激让机体产生痛感，增加肌肉作用的体积，降低脂肪，进而显著增加肌肉的数量和横截面积。

（二）柔韧素质训练

柔韧素质训练是竞走运动员不可忽视的训练内容，应做到柔韧素质经常练，尤其是要经常做髋关节和肩关节周围肌肉、韧带的伸展性和关节灵活性练习。在每次进行柔韧素质练习时应先进行静力性柔韧练习，然后再进行动力性柔韧练习。

柔韧素质训练的主要目的是发展髋关节、踝关节周围肌肉的伸展能力，伸展能力的发展对确保获得适宜的步长很重要。同时，发展髋关节的灵活性，可以有效地防止受伤、增大步幅。提高柔韧性的主要训练方法是拉伸练习，一般在训练和比赛前的准备活动中以及训练和比赛后的整理活动中进行。

（三）高原训练

竞走比赛是技术性很强的速度耐力项目，以有氧代谢为主。赛前通过在高原（一般在高原上训练25～35天）上氧分压较低的环境中训练，可以提高呼吸系统和循环系统的机能，特别是可以提高血液中血红蛋白含量。下高原后再进行适应性训练约两周后参加比赛，对提高专项运动能力效果显著。

高原训练时，可采用阶梯式上强度和恒定间歇时间竞走同一段落的组合方案，逐渐提高强度。也可采用段落长度逐渐缩短、走速不断提高的重复走的组合方案。还可采用中等强度的长距离公路竞走、变速竞走和普通走相交替的训练方案。

(四)心理训练

由于竞走时间长,动作单一,在长期的训练过程中运动员易形成厌烦情绪。因此,在平时训练中可通过各种心理手段进行调节。

如对长距离走有畏难情绪时,可采用自我暗示法,把要走的距离分成若干段落,逐段完成以消除畏难情绪,也可在长距离走中让队员重点体会竞走的技术进行自我暗示;训练过程中感到枯燥时,还可采用注意力转移法,如追赶同伴、行人或骑自行车的人等;周围没有参照物时,可把注意力转移到呼吸节奏上;还可采用更新环境法进行调节,提高训练效果。

(五)理论学习与战术训练

竞走运动员深入学习竞走规则与裁判法是非常重要也是必须的。充分理解规则,对掌握正确的竞走技术是非常有利的。了解竞走裁判方法(裁判员提出警告和严重警告的程序,主裁判执行取消运动员继续比赛资格的规定)以及裁判员的职责范围,对调整自己的走速和战术也是非常有利的。教练员在平时的训练过程中应有目的地组织队员学习竞走规则和裁判法,同时还应向队员讲解竞走训练理论,以达到提高训练效果的目的。

当运动员有了丰富的竞走方面的知识,在遇到水平相当的对手时,就能合理运用战术,战胜对手,取得优异成绩。为了减少能量消耗,应按事先制定好的速度分配方案,凭借自己的速度感觉,采用匀速走战术。如果竞技水平高、一般耐力好,可采用领先走战术;如果运动员速度好,耐力一般或缺乏比赛经验,可采用跟随走战术,力争在最后超过对手;如果训练水平高,为了甩开对手,可采用变速走战术。

战术的运用取决于平时的严格训练,不论采用何种战术,都应从对手、场地、气候及路线等实际情况出发。

(六)恢复训练

竞走运动员的训练和比赛的时间长、运动量大、体能消耗大,动作单一、易产生疲劳。因此,每次训练后,应充分做好放松和整理活动,采用慢跑、慢走、徒手操、互相按摩等方式,使身体得以恢复。有条件的也可以采用一些物理放松手段,服用田径规则许可的可以促进恢复、增强体能的各种营养品。

加强医学监督和自我监督。可通过测量脉搏和体重,根据饮食、面色、睡眠、情绪等情况进行自我监督。有条件的还可不定期进行血红蛋白、尿、血乳酸、心电图等检查的医学监督，根据身体状况合理安排训练。

运动员还应有饮食和营养标准，夏季或出汗多时，应适当引用食盐水以及含碱电解质的饮料，多吃水果、蔬菜和含有丰富维生素的食物。

第二节　短跑的教学与训练

一、短跑的教学设计

（一）教学目标

1. 认知目标

（1）了解短距离跑运动的发展；

（2）了解短距离跑竞赛的规律变更；

（3）了解当今国内外短距离跑的技术水平；

（4）明确短距离跑的概念、技术组成、技术动作环节要领及影响运动成绩的因素，理解短距离跑的教学设计。

2. 技能目标

（1）掌握正确的短距离跑技术动作，能够精练地讲解技术动作；

（2）能够分析技术中存在的问题并能根据实际情况选择解决问题的方法；

（3）能够运用教学设计的内容组织高校短距离跑课的教学。

3. 情感目标

（1）通过短距离跑的学习，使学生经过自己努力而体验到成功的喜悦；

（2）通过教学中公平、公正的竞争，培养学生良好的竞争意识，培养学生相互帮助、相互指导和相互合作的精神，建立良好的人际关系，以及敢于展示自我、超越自我的良好品质，形成健康向上的习惯，增强学生的自信心；

（3）通过严密科学地组织教学，培养学生严明的组织纪律性和努力刻苦、顽强拼搏、勇往直前的精神风貌，使学生富于创造性。

（二）学习者分析

短距离跑是人的基本活动机能之一。作为经过训练考入大学的体育专业本科学生，对短距离跑都有一定认识，能够初步掌握和了解短距离跑的技术动作、竞赛规则与裁判法等，还有部分学生在短距离跑的技术上已达到了一定水平，但学生对短距离跑的技术动作细节，特别是对短距离跑的技术原理和方法缺乏较系统的了解，更缺乏把相关理论知识运用到实践中去解决实际问题的能力。

（三）教学内容分析

1. 短距离跑的特点与价值

短距离跑既是人们基本的生活技能，又是强身健体的有效手段。在学校体育中，它是田径运动教学大纲规定的必修项目，也是体育专业教学的重点内容。作为强身健体的手段，短距离跑要求在最短的时间内用最大速度跑完一定距离，这就要求人体的各系统器官，特别是运动系统和神经系统及内脏器官能在很短的时间内完成最大强度的工作。因此，经常进行短距离跑的练习，能够促进人体各个系统器官的协调性和机能，从而实现强身健体的目的。作为竞技场上的最高境界，短距离跑体现的不仅是成绩和水平的高低，也体现了运动员顽强拼搏、积极进取的精神面貌，更体现了人们崇尚健美的美好愿望。

2. 教学中的重点与难点

教学重点指的是学生在进行完整技术动作过程中，能够对相应动作效果有明显影响的重要技术环节。例如，在短跑技术教学中，途中跑技术就是它的教学重点。教学过程中，教师应利用学生所拥有的自然跑的能力，技术始终重视放松、自然和富有弹性的大步幅跑进，技术要符合生物力学和解剖学原理，表现出明显的经济性和实效性。

教学难点指的是学生在学习完整技术过程中，相对难学习与掌握的技术环节和技术动作。短跑技术的发展更强调摆动技术的重要性，短跑技术教学的难点是蹬摆结合技术。教师在教学中应该抓好高步频、大步幅，重心上下起伏小，上下肢蹬摆动作配合协调、节奏感强，强调以摆促蹬，蹬摆结合。

（四）教学策略

1. 准备活动

短距离跑时间短、强度大，对身体的器官机能系统要求高，为了促进学生尽快掌握技术，在学习短距离跑技术时，除了常规的准备活动内容外，应更加重视专项准备活动。专项准备活动内容包括各种关节的活动、内脏器官的适应性练习和跑的专门性练习等。关节活动部位主要是踝、膝、髋、肩以及各韧带的拉伸、舒展性练习，要求练习后各关节有很好的灵活性，各韧带有很好的柔韧素质；内脏器官的适应性练习主要是采用高频率的小幅度动作练习以及较短距离的快跑练习，如原地快跑、原地快摆臂、原地快速高抬腿练习和 30 m 左右的快速跑练习等；跑的专门性练习主要指小步跑、高抬腿、后蹬跑、后踢跑等练习。教师还可运用各种反应性的游戏在学习短距离跑前对学生的反应能力进行训练，使学生从身体、心理两个方面对短距离跑的学习都有所准备和适应。

2. 技术教学内容与手段

短距离跑教学流程应首先介绍短距离跑的一般知识，再学习跑的专门练习。然后再以途中跑为起始，进而开展加速跑、蹲踞式起跑、弯道途中跑及终点跑的技术学习。短距离全程跑是学生在素质和技术上的全面体现，应在反复进行提高身体素质和快跑能力的练习以及跑的基本技术教学后进行教学。

（1）介绍短距离跑一般知识，帮助学生建立正确技术概念。教学手段：①讲解短跑的发展概况、项目特点和短跑基本技术；②技术示范，用蹲踞式起跑 60 m 完整的短跑技术示范 1~2 次，让学生从正面或侧面观察示范动作；③观看优秀运动员的技术图片、录像。

教学提示：第一次以完整技术示范为主，第二次对关键技术环节采用边讲边做的方式，也可以分解示范，让学生注意关键的技术细节。示范的目的是将短跑的完整技术介绍给学生。

（2）学习跑的专门练习。跑的专门练习是根据跑的技术动作设计的一些跑的分解动作专门性练习。如高抬腿跑、小步跑、车轮跑、折叠跑、跨步跑等，这些练习对掌握和提高跑的技术非常有帮助。跑的专门性练习不仅可以用于初学者掌握跑的基本技术，而且可以用于改进某技术环节。教学手段：①讲解示范跑的专门性练习动作；②慢节奏带领学生做练习；③学生认真体会各个练习动作。

（3）学习直道途中跑技术。教学手段：①讲解直道途中跑技术特点并作示范，集中解说适用塑胶跑道的"屈蹬式"短跑技术。"屈蹬式"跑的时候具有膝关节角度改变不大；蹬伸动作速度快且幅度不大；支撑时间不长，有助于增加步频；蹬摆动作变换快速、连贯、自然的特点。因此有助于提高摆动速度。"屈蹬式"技术因为具有小腿后蹬角和前倾角小的优点，所以有助于提高水平分力，减缓重心浮动，增加跑的有效性，使得步频和步长的关系和谐，从而起到节省体力的作用。与此同时，在重点关注高抬腿朝前方和上方摆动的动作要领时，为增加向前的有效性，通常采取恰当降低"踝、髋、膝"三个关节最大程度蹬直的幅度方式。②学习原地摆臂技术，其一，讲解示范原地摆臂技术要领：身体前后自然直立，两眼平视，半握拳，摆动时以肩为轴，肘关节弯曲以肘为半径后摆达到最大幅度。当摆动达到最高点时借助肩带反弹力快速前摆。为防止产生交叉摆动或横向摆臂的错误动作，有两个要点需要关注，即在前摆过程中，摆动高度不能高于下颚；前后摆臂过程中，手和躯干之间的距离应尽量小。其二，根据技术要求原地摆臂数次。其三，两人一组互助练习，相互提出摆动的方向和幅度要求，检查并纠正错误。其四，三人一组定位练习，一位同学练习，其他两位分别站在前后，用双手给练习者确定摆幅最大的空中位置。练习者不论前摆或后摆都须触到伙伴事先在空中定位的手掌，这样使练习者及时得到正确的反馈，便于练习者改正错误技术。③学习途中跑时要求掌握正确的摆臂技术。其一，讲解示范途中跑技术；其二，学生认真体会途中跑练习。

（4）学习加速跑技术。教学手段：①讲解加速跑技术要点，做1~2次加速跑示范；②学生在直道做30~80 m匀加速跑。其一，立式起跑，匀加速30 m中速跑。其二，站立式起跑，中快速60 m跑。其三，站立式起跑，中快速80 m跑。其四，站立向前倒体顺势加速50 m跑。

教学提示：步长、步频需逐步增加；以步频为主但也需保持适宜的步长配合，跑后不要急停。

（5）学习蹲踞式起跑技术。教学手段：①学习安装起跑器。其一，介绍起跑器安装的"接近式""普通式""拉长式"三种方式。其二，30 m蹲踞式起跑做示范和讲解。其三，学生分别安装三种起跑方式并进行练习，从而选择适合本人情况的起跑器安装方法。

教学提示：让学生动手安装起跑器，认真体会其优缺点，然后根据本人条件选择适合本人的起跑器安装方式。衡量起跑器安装是否适合学生本人要求的依据主要是蹬离起跑器时能否充分发挥肌肉的最大力量；起跑后在加速途中身体是否有较大的前倾角度；在"预备"姿势时，是否感到舒服、自然。

②学习"各就位""预备""跑"三声口令的技术动作。讲解示范起跑技术动作；学生做起跑练习，认真体会起跑技术动作。

教学提示:"各就位"动作前让学生利用短暂的时间调整一下自己的情绪,放松面部,做几次深呼吸,使心里有所准备。在"各就位"口令之后应站在起跑器前,屈膝下蹲,上体前倾,两手触地,然后将两脚轻轻地靠在起跑器的抵足板上,单膝触地跪在40~50 cm处,注意听"预备"口令。听到"预备"口令后,随之吸半口气屏住,同时从容地抬起臀部,稍高于肩,身体的70%~80%重量主要落在脚上。蹬在前起跑器的腿其大小腿夹角约为90°~100°,后起跑器的腿其大小腿夹角约为120~130°,两脚掌紧压抵足板。听到枪声或"跑"的口令时,两手迅速推离地面。屈肘做有力的前后摆臂动作,同时两腿迅速蹬离起跑器。

③复习起跑后的加速跑技术。站立式起跑20~25 m,3~4次。

教学提示:起跑后立即转入加速跑,这段距离一般在20~25 m之间,进入途中跑时"利用加速跑后的惯性"过渡1~2步,缓解用力起跑时带来的肌紧张。起跑后加速跑的步长不宜过大,否则易造成动作紧张,神经能量和体力消耗过多而影响后程段落的体力和技术。

(6)学习弯道途中跑技术。教学手段:①讲解弯道途中跑技术特点,示范弯道30 m跑;②学生在半径为10~15 m圆圈上体会弯道跑;③学生体会直道进入弯道跑技术,练习30~40 m转20 m;④学生体会从弯道进入直道跑技术,跑30~40 m转10~20 m;⑤弯道起跑120~150 m并反复跑。

(7)学习终点跑技术。教学手段:①从慢、中速和加速跑练习撞线技术;②在离终点10~15 m处做上体前倾压线终点跑技术。

(8)巩固和提高全程跑技术。教学手段:①复习途中跑的各种技法、专门练习等;②起跑和加速跑各种技法;③复习终点冲刺和撞线技术。

3. 易犯错误、产生原因及纠正方法

(1)起跑时蹬起跑器无力。产生原因:"预备"时臀部抬起过高或过低;在重心前移时脚未蹬紧起跑器;听到枪声后两臂摆动无力。纠正方法:多训练腿部力量和蹬起跑器的跳远、多级跳练习;起跑时做好正确的"预备"动作;枪响后两臂要配合两腿快速有力地前后摆动。

(2)起跑后加速跑上体抬起过早。产生原因:起跑时后蹬角度太大;过早抬头;两臂摆动无力;躯干前倾不够;腿部力量差。纠正方法:多训练腿部力量,注意起跑第一步落点不要太远,两臂要配合用力。

(3)"坐着跑"。产生原因:跑时上体前倾太大,含胸塌腰,后蹬不充分,髋部前送不够且急于高抬摆动腿;髋关节灵活性差。纠正方法:应多做后蹬跑和发展髋关节灵活性练习，跑进时应保持上体正直情况下提腰，注意蹬、摆结合和送髋动作。

（4）跑时动作幅度小、步幅短。产生原因：过分强调追求步频，后蹬不充分，摆动腿前摆时大小腿折叠不够且前摆太低。纠正方法：多训练高抬腿跑、后蹬跑等专门性练习，注意摆动腿前摆时大小腿的折叠动作和快速大幅度的前摆高抬动作。

（5）摆臂紧张或方向错误。产生原因：摆臂习惯不好，肩带力量差，肩部紧张等。纠正方法：加强肩关节灵活性练习和肩带力量练习；多做原地正确摆臂练习；在慢跑和快跑时体会和改进摆臂技术。

（6）抢跑。产生原因：身体重心过于前倾，手指力量不够；对起跑的规范动作未完全掌握；存在压枪声起跑的侥幸心理。纠正方法：控制身体重心前移程度，让肩部位于持力点垂直面的延长线上；强化上肢手臂、手指的力量锻炼；演示标准的起跑技术，不断重复讲授起跑的动作要领；增强学生正确比赛意识教育，使得学生养成听到枪声后起跑的习惯，去除压枪声起跑的侥幸心理。

（7）加速跑中过早抬体，减弱了加速质量。产生原因：腿部力量不足，未防止身体前倾幅度过大而摔倒；因为对起跑后的加速跑动作要领理解错误，导致上体抬起过早。纠正方法：站立式起跑方式具有前倾度相对大的特点，适用于仿效起跑的第一步姿势，在要摔却未倒的情况下做加速度跑；教师在侧面把手臂举到和上面相同的高度，让学生能从手臂下跑过去，或者让学生低头猫腰从线下跑过去；提升和发展腿部力量。

（8）不撞线或跳起撞线。产生原因：未完全掌握撞线技术定义，未能理解撞线技术意义；具有跳过终点比跑过终点快的错误观点。纠正方法：不断重复讲授、演示撞线技术要领；讲清楚因为跳起撞线会增加较长的腾空时间而对成绩造成影响的道理；重复训练在慢、中等速度下通过胸或肩撞线的技术；逐渐加快速度，在冲刺跑中掌握撞线技术。

二、短跑的训练

（一）短跑的技术训练

在短跑技术练习中，要以跑的协调自然能力和不同部位的正确姿势为训练的关键点。强调对脚接触地面的方式、蹬伸速度、步频和步长的恰当比例、蹬摆配合蹬等重点技术的训练,提高起跑与加速跑技术和全程跑节奏练习(见图3-1)。

图3-1 短跑起跑

跑是人体最基本的运动形式。[①] 人体在跑步中应该通过合理的动作技术形式,在后蹬时期注意加快机体蹬伸摆动的动作速度和幅度,形成最大的动力性支撑反作用力,以获得最快的蹬地速度和适宜的后蹬角度。在跑步中应尽可能保持动作的连续性,尽量减小运动的阻力,以使人体的跑步动作保持最快的速度。

1. 起跑和起跑后加速跑技术训练

(1)训练要点:协调放松,便于快速起动;舒适合理,便于发力;有良好的触发初始角度;有良好的第一步技术。

(2)训练方法。①不听信号的各种姿势起跑20 m×(8~12次);听信号的各种形式(单个或集体等)起跑20 m×(8~12次);听口令做"各就位"和"预备"动作,听"预备"口令后,做间隔时间不同的听信号起跑(20~30 m)×(8~10次)。②多人一组的起跑练习,同伴用腿或手顶住肩做起跑动作,同伴用橡皮带在后拉住腰做起跑动作等。③增加起跑难度练习,如上坡起跑、等动拉力器牵住身后起跑、负重起跑等。④起跑后最大速度跑、快慢速度变化跑、快速跑接惯性跑等。

2. 途中跑技术训练

(1)训练要点:整体协调、放松、有弹性;快蹬、快摆、快节奏;"扒地"后蹬,折叠高抬要到位。

(2)训练方法。①跑的专门性练习及专门性练习过渡到跑的练习;②60~80 m的加速跑;③强化某一跑的动作练习,如负重摆臂、负重抬腿、扶垒后蹬、

[①] 杨丹:《田径运动文化探索与实践》,沈阳,辽宁大学出版社2017年版,第147页。

推人前跑等；④各种跨跑低栏练习；⑤各种距离的快跑练习；⑥变换速度的波浪跑、惯性跑、往返跑、放大步跑等，体会跑中的放松技术。

3. 弯道跑技术的训练

（1）训练要点。根据圆周运动特点，体会弯道途中跑技术要求。

（2）训练方法。①沿第6~8道弯道以最高速度的80%~90%的强度跑50~80 m加速跑；②沿第一弯道以3/4强度做50~80 m的加速跑；③以各种速度做由弯道进直道的加速跑80~100 m；④以各种速度做由直道进弯道的加速跑80~100 m；⑤以各种速度在弯道上进行30~50 m的起跑练习。

4. 短跑技术训练注意事项

（1）技术训练既是一个持续优化和改进的过程，又是一个持续和长时间的纠偏过程，这个过程囊括短跑训练的各个阶段。

（2）短跑技术训练有必要因人而异、因材施教，从而使得运动员个人特点与短跑技术相适应。

（3）技术训练要和身体素质的提升相结合，应重点关注培养那些对技术增强有影响的专项素质。

（4）短跑技术训练要以完整技术训练为核心，对一些较弱的环节，能够在完整技术训练中有重点地进行提升。

（5）技术动作协调放松能力的培养具有重要作用，它是一个长时间而且复杂的过程，无论何种训练的完成都离不开协调放松的保障，短跑训练中要重点关注。

（6）短跑技术训练要和实践相结合，依靠比赛使得技术获得提升和巩固。

（二）短跑的素质训练

1. 短跑素质训练的概念

短跑素质训练是指与短跑项目有密切关系，能直接促进和掌握短跑技术，提高运动竞赛成绩的专门训练。短跑素质训练的内容和手段，通常由短跑的完整技术、单个动作、动作的某一部分或几个动作之间的衔接动作所决定。训练方法的选择，必须在动作的运动学和动力学特征上，动作的形成及性质和心理定向上，尽可能与短跑专项特点相一致，并且应根据不同年龄阶段而有所侧重。

2. 短跑素质训练的特点

（1）基础阶段训练特点。①全面提高身体素质；②注意发展敏感期训练；

③控制好量和强度；④训练形式多样；⑤避免采用狭窄的专项训练手段、高强度的负荷训练和极限重量的大力量训练。

（2）初级阶段训练特点。①培养身体素质，特别是速度素质；②抓好速度力量、速度耐力等专项素质的训练；③抓好短跑技术和能力的训练；④可以采用较大负荷训练，但注意量和强度的安排要循序渐进。

（3）中级阶段训练特点。①加强短跑能力和技术训练；②注重竞赛心理和能力的培养；③逐步提高训练负荷量的强度。

（4）高级阶段训练特点。①个体特征更加明显；②专项化更加突出（技术、战术与能力）；③以提高训练负荷强度为主；④增加比赛次数，控制比赛强度；⑤创造条件，发挥最佳成绩。

3. 训练手段与方法

速度不是单一的素质，它是集力量、速率、协调、耐力等于一体的复杂组合，包括反应能力、加速能力、保持最高速度能力、总体协调能力等。其中最有影响的是加速能力和最高速度的保持能力，运动员的水平越高，加速的距离越长，保持高速跑的能力亦越强。一名优秀短跑运动员的诞生，需要多年系统的科学训练，而训练的核心是负荷，包括内容、量和强度。

（1）反应能力。训练要点：用尽可能短的时间打破平衡、快速起动（反应时间一般为 $0.10\sim0.18$ s，起动时间一般为 $0.27\sim0.36$ s）。

训练方法：立定跳远、原地负重跳起、立定多级跳、跳绳听信号起动、各种听信号起动或听枪声起动。如迅速做和教练员口令相反的动作，蹲立、仰卧、俯卧、背向听枪声起跑等；各种听信号起动的游戏等。

注意事项：①关注练习中技术动作的合理性；②关注训练过程中的安全性（场地空旷，路线无障碍等）；③注意起动动作的快捷性。

（2）加速能力。训练要点：在较短的距离内，尽快发挥最高跑速。其中有技术因素亦有素质影响。在技术方面，加速跑前 2～4 步起主要作用的是速率和后蹬力量，而之后起主导作用的是步频和节奏，训练中适宜的步幅与步频增长以及躯干的逐渐抬起是重点。在速度训练中，除技术动作外，还要加强中枢神经系统的灵活性和协调性、肌肉的力量、动作的速率等方面练习。

训练方法：采用 30～80 m 的起动跑、冲刺跑、行进间跑、接力跑、下坡跑（2～3°）、顺风跑、牵引（引导）跑、段落组合跑、重复跑、段落变速跑以及各种快频率的专门练习，降低难度练习（仰卧快速上蹬腿，1 s 和数秒原地快跑摆臂跳绳等）和跨跳练习等。

注意事项：①速度训练应保持良好的精神状态，一般放在基本训练的前半部分；②在训练中要强调快速，更要强调协调、放松、富有弹性；③注意力量和爆发力的同步发展；④训练中要控制数量、强度，把握好休息间隔，避免产生过度疲劳。

（3）速度耐力。训练要点：合理选择练习距离，追求适合个人特点的步长和步频的最佳比例。

训练方法：①超主项距离的重复跑，如 150 m×（10～15 次），200 m×（8～12 次），300 m×（6～8 次）。还可采取分段快跑，如 150 m 快跑+50 m 放松大步跑+100 m 快跑等。②近主项距离的间歇跑，如 100 m（25% 强度）×9 次+100 m（全速）；或 100 m（25% 强度）×4 次+100 m（全速）两组；150 m（75% 强度）×（8～10 次）+150 m（全速）或 150 m（75% 强度）×4 次+150 m（全速）两组等。时间间隔为终点走到起点，立即进行下一练习（两个练习之后可增加间歇时间）。③近主项距离的变速跑，如 100 m（75% 强度）+100 m 慢×12 次左右，150 m（75% 强度）+150 m 慢×10 次左右，200 m（75% 强度）+100 m 慢×7 次左右。④各种距离组合跑，如递增跑，从 100 m 起，以 50 m 递增到 500 m；或递减跑，从 500 m 起，以 50 m 递减，直到 100 m 等。⑤近主项距离的上坡跑（150～200 m）、连续接力跑等。

注意事项：①各种练习应相互结合、交叉采用，以免形成不良技术定型；②间歇时多采取走和慢跑形式的积极性休息；③为避免慢频率的动力定型，训练后应进行几次加速跑或快速跳跃练习。

（4）力量素质。训练要点：包括速度力量和最大力量两种，重点增加爆发力和相对力量，并强调"快"字。

训练方法：①徒手或持小哑铃（1～1.5 kg）快摆臂 10 s（4～6 次）；②俯卧推手击掌（10～15 次）×4 组；③快速俯卧撑（20～30 次）×5 组；④快速卧推杠铃（30～40 kg）×（5～10 次）×5 组；⑤快速两头起 100 次×5 组；⑥负 1～1.5 kg 沙护腿，高抬腿跑 10 s×4 次；⑦负 1 kg 沙护腿（30～60 m）加速跑×4 次；⑧负 3～4 kg 腰带 30～80 m 加速跑 4 次；⑨负重或不负重的上坡跑；⑩两人一组的推人跑；⑪沙地上负重快速直膝跳 10 s×6 次；⑫立定跳、立定多级跳；⑬快速蛙跳（5～10 级）×5 次；⑭单足跳、跳栏架、跳深；⑮原地拉橡皮带前摆腿或后摆臂；⑯各种杠铃的练习和联合器械的练习；⑰大腿后群肌肉练习等。

注意事项：①注意全身各部位力量均衡发展；②先发展速度力量，后发展最大力量；③单个力量练习时间不应超过 10 s；④注意运动员承受能力，避免人为伤害事故。

（5）放松能力。训练要点：依靠对自我身体感知能力的练习，提升运动员感知在高速行进中的用力感觉的能力，以此减少多余的肌肉活动，实现切实的实效性和经济性。

训练方法：①惯性跑（40 m 快跑 +30 m 惯性跑 +30 m 慢跑）等；②下坡跑（坡度 3°左右）；③中速跑（强度 70%～80%）；④顺风跑；⑤弹性跑；⑥跑格子或跑下楼梯；⑦肩、髋、膝、踝柔韧练习；⑧脸部放松跑（含树叶等）；⑨心理训练（自我暗示、自我调节等）。

注意事项：①放松不等同软弱无力；②放松与人体协调联系在一起；③重点培养运动员用力感觉。

4. 训练参数介绍

（1）心率控制。速度耐力训练时，一般要等心率恢复到 110～120 次/分钟，测试显示负荷强度小，才进行第二次训练。心率在 180 次/分钟以上时，测试为极限负荷强度时，增加强度要谨慎，持续时间要短。

（2）运动后即刻所测心率与强度关系。180 次/分钟以上为大强度；150～180 次/分钟为中强度；140～150 次/分钟为小强度。

（3）运动后 5 分钟所测恢复心率与运动负荷关系。小运动负荷：恢复到运动前心率；中运动负荷：较运动前快 2～5 次/10 s；大运动负荷：较运动前快 6～9 次/10 s。

第三节　中长跑的教学与训练

一、中长跑的教学设计

（一）教学目标

1. 认识目标

学习中长跑的一般知识。通过教师讲解，使学生掌握中长跑的一般知识，了解中长跑的要求和注意事项，调动学生学习中长跑的积极性和主动性。

2. 技能目标

掌握中长跑的基本技术、技能与方法，并能指导学生通过中长跑科学从事身体锻炼的能力。

3. 情感目标

激发学生长跑健身的兴趣，培养学生吃苦耐劳、克服困难、坚韧不拔的意志品质，形成健康的生活方式。

（二）学习者分析

教学对象为体育教育专业学生，身心发展已基本成熟，具有独立思考、分析、判断的能力，对中长跑的健身价值有所认识。由于现代的大学生心理素质和意志品质较差，缺乏吃苦耐劳的精神，加之中长跑教材枯燥乏味，学生自觉参与学习的兴趣和意识比较淡薄。因此，在教学中教师不仅要重视中长跑的技术、技能与呼吸方法的教学，而且要重视学生思想、心理和意志品质方面的教育。

（三）教学内容分析

1. 中长跑介绍

中长跑是指以有氧代谢为主的周期性、耐力性运动项目。经常参加中长跑训练可以提升呼吸系统、心肺功能和心血管功能。当代医学研究和观察表明，中长跑对于健康有益，不仅能治疗和预防一些慢性疾病，还能增强体质，提升健康水平。

中距离跑和长距离跑被统称为中长跑，它是一种运动比赛项目，根据现有资料来看已有一百多年的历史。男子 800 m、1 500 m、3 000 m 和女子 800 m、1 500 m 属于中距离跑；男子 5 000 m、10 000 m 和女子 3 000 m、5 000 m、10 000 m 属于长距离跑。少年的中、长距离跑项目是：男子 800 m、1 500 m、3 000 m，女子 400 m、800 m、1 500 m 和 3 000 m。

女子中长跑项目开展得较晚，女子 800 m 第一个奥运世界纪录是 1928 年创造的，成绩是 2 分 16 秒 8，目前的世界纪录是 1 分 53 秒 28。女子 1 500 m 开展得更晚些，1972 年才列入第二十届奥运会正式比赛项目。

中长跑是锻炼耐力持久力的项目，这个项目具有肌肉持续活动的特点。中长跑具有两个层面的含义，一个层面是为保持一定的跑速，在最大程度上降低能量的消耗；另一个层面是在跑步的全过程中应具备加速跑的能力。因此，运动员在全程跑中，对技术的准确掌握和体力的合理配置是十分关键的。应跑得轻松协调，重心移动稳定，直线性强，有最佳的节奏；应最大程度加强肌肉放松和用力交替的能力，不仅关注动作效果，还关注体力节约。这些要求，随着跑的距离的增加，而显得更加重要。

各种距离跑的技术，大致上是一致的。但因为跑步强度和距离的远近的差异，所以在跑步的技术细节上也存在程度的不同。

2. 中长跑技术教学中的重点与难点

教学重点：掌握中长跑的途中跑技术。

教学难点：途中跑蹬与摆配合、呼吸节奏的协调配合。

（四）教学策略

1. 准备活动

（1）一般性准备活动。指在进行专门性准备活动前的热身准备活动。它往往是通过进行拉长、慢跑等练习方法和各种不同的诱导与辅助训练等，起到提高韧带、肌肉伸展性和弹性，去除关节、肌肉的黏滞性，以及热身的目的。

（2）专门性准备活动。指通过多种不同诱导与辅助性训练和某些专门性训练，起到排除内脏器官惰性，使得内脏器官维持相对高技能水平状态的目的。重点锻炼与接下来运动相关的肌肉和关节，促进它们更早进入工作状态。专门性准备活动作为一般准备活动的延伸和补充，具有针对性。

专门性准备活动通常采用以下手段进行练习。①慢跑 800~2 000 m；②伸展性活动：体前屈、弓箭步、侧压腿、体转、体侧、扩胸、振臂等运动；③柔韧素质：踝、膝、髋、腰、肩、颈等部位的屈、伸和绕环的练习；④跑的专门性：小步跑、半高抬腿跑、后蹬跑；⑤加速跑：直道、弯道的加速跑。

2. 技术教学

（1）建立正确的技术概念。①明确学习目标，介绍中长跑的概况。教学手段如下：介绍中长跑的发展状况，介绍中长跑的锻炼价值和学习的意义，简介中长跑教学步骤和教学要点。教学提示：讲解要有鼓动性，具有教育意义；要善于在课堂上调动学生的积极性和自觉性；教学中多用实证阐明锻炼的价值、生理效应和学习意义。②让学生初步了解、体会完整技术。教学手段如下：讲解示范中长跑的技术要点；学生根据自己的实际情况，用最大的强度跑完规定的距离。教学提示：教师示范要以某个专项的节奏跑为例，要有起跑和冲刺跑的技术；要求学生及时了解自己跑的特点、跑的能力、呼吸方法、体力分配、跑的节奏感和速度感。

（2）学习途中跑技术。教学手段：①采用讲解和通过图片等辅助教具融合的方式对途中跑技术进行说明，使得学生更形象地掌握途中跑技术的方法、要求和要领；②中等以下速度匀速跑 80~100 m；③中等以下速度到中等以上速度的加速跑 80~100 m；④变速跑（或走、跑交替），变速跑的总距离，男生 1 500~2 000 m，女生 800~1 000 m，跑时要控制好跑速，注意跑的动作和呼吸方法的正确性。凭借对以上训练动作的重复训练，除了要感悟和初步领会中长跑过程中摆臂动作、腿部动作和躯干姿势外，还要重视步伐与呼吸的配合，掌握中长跑的呼吸方法。

教学提示：注意以培养学生节奏感为前提，然后使肌肉活动达到相应的节奏，主要以信号做引导，在基本定型以后让学生自己练习。

（3）学习站立式起跑，起跑后的加速跑技术和巩固途中跑技术。教学手段：①结合示范（或通过图片等直观教具）讲解站立性起跑和起跑后加速跑技术，让学生了解技术要求、方法和要领；②以组为单位，在起跑线后做站立式起跑"各就位"口令后的起跑预备姿势若干次，让学生体会站立式起跑时两脚位置和身体各部位姿势；③按小组的形式，站在起跑线后的集合线，等待"各就位"和"跑"的口令，采用站立式起跑与起跑后加速的方式，做站立式起跑 30~80 m；④中等速度重复跑 200 m、300 m 或 400 m。由站立式起跑出发进行中等速度的重复跑，应采用规范的起跑动作，在跑步过程中，应注意动作自然、放松。匀速跑要控制好步伐和呼吸的节奏，并着重锻炼学生对速度的感觉。跑的总距离男生 1 200~1 500 m，女生 600~800 m。

教学提示：先学习站立式起跑，再学习半蹲踞式起跑；先学习分道起跑，再学习不分道起跑；在不分道场地起跑时应防止相互碰撞现象的发生，来确保安全；在练习过程中，应融入战术训练起跑。

（4）学习终点跑技术和掌握全程跑技术。教学手段：①讲授全程跑和终点跑的方法和要点；②根据水平分组，以站立式起跑开始，采用中等速度匀速循环跑 200 m、400 m 或 600 m，在距终点 50~150 m 的位置合理冲刺，加速冲过终点，男生跑的总路程是 1 200~1 500 m，女生跑的总路程是 600~800 m；③根据水平分组，采取站立式起跑的方式开始，男生和女生分别采用中等速度匀速跑 1 200 m 和 600 m，在距离终点 100~200 m 位置恰当冲刺，加速冲过终点；④根据个人体力利用不同方式跑，男生 1 200~1 500 m，女生 600~800 m；⑤全程跑，开展教学测试或竞赛并给出相应技评，测试竞赛的距离为：男生 1 500 m，女生 800 m。

3. 易犯错误、产生原因及纠正方法

（1）脚落地重，没有弹性，八字脚，绷脚尖着地。产生原因：脚通过不规范的方式与地面接触，踝关节、脚掌力量不足。纠正方法：重复训练正规的脚着地方式；加强关节和小腿肌肉的力量训练；两脚内侧顺着跑道或直线跑；从小步跑练习过渡到加速跑练习。

（2）大腿抬得太低，脚掌着地生硬，前蹬过于用力。产生原因：位于大腿后面的肌肉舒展性不足，脚掌采用小腿向前鞭打的错误方式与地面接触，而不是从上到下的方式；髂腰肌力量不足。纠正方法：进行摆动腿朝前伸出的高抬腿训练；重复进行小步跑训练，用规范的动作训练，即注意小腿不能朝前鞭打，应从上到下运动，关注脚与地面接触点和身体重心投影点的距离不能超出合理范围。

（3）坐着跑，后蹬效果不好，大腿前摆不高，方向不正。产生原因：未完全掌握摆、蹬动作要领，腰腹、腿部和髋关节灵敏性不足。纠正方法：进行支撑跑、后蹬跑、跨步跑、高抬腿跑训练；熟练掌握动作要领，领悟摆、蹬的角度和方向；锻炼腰腹肌力量，提升踝、髋、膝关节的灵敏性。

（4）上体过于前倾，含胸，头前探，上体后仰，头后仰，身体左右摇晃。产生原因：混淆动作定义，肩部、颈部和臀部肌肉不放松。纠正方法：教师重点讲解技术要领，以实现颈部和背部肌肉的松弛；要求学生明晰技术定义；肩放松、下沉，进行双臂前后松弛摆动练习；进行提升肩关节灵敏性和核心力量的辅助训练。

（5）呼吸方法不正确和跑的节奏性差。产生原因：体力使用不科学，跑步的节奏杂乱，步长和频率不稳定；未掌握跑步过程中正确的呼吸方法，使得在高强度、长时间跑步中，呼吸系统无法满足机体的要求。纠正方法：利用卡时间分段跑的训练方法，训练跑步的节奏感和掌握跑步过程中体力消耗的能力；重点强调呼吸节奏的关键作用，先在慢跑中训练，再在快跑中训练正确的呼吸节奏，然后让学生进行呼吸和跑动的组合训练。

二、中长跑的训练

（一）中长跑的技术训练

1. 中长跑技术训练的特点

对于中长跑运动员来说，有效的技术运用是实现优秀表现和节约体力的重要因素。通过合理的技术策略，他们能够最大化身体素质的优势，从而提高整体竞赛水平。

因为中长跑的技术训练通常都是与大量跑训练共同进行的，所以十分有必要在任何阶段的跑步训练中不断强调跑步的技术要求，最大程度利用教学方法和原则，协助运动员尽早掌握标准的中长跑技术。

对基本技术的熟练应用是技术训练的关键，运动员应擅长吸取他人先进技术，并能够融合个人特点和技术原理，对新技术进行创新性的学习和内化。在技术训练过程中，因为每个人的身体素质、身体形态和习惯都有或多或少的差异，因此应该最大程度上与个人特点结合，按照与自己相适应的技术模式开展训练。中长跑技术训练中有很多需要关注的方面，包括跑步节奏与呼吸、步频与步幅、支撑与腾空、上下肢配合等。要想实现保持体力，优化中长跑技术，处理好这些需要关注方面的内在联系是前提。

在整个训练计划中，准备期主要注重基础技能和技术改进的训练，而比赛期则更加专注于全面技术的训练。

2. 中长跑技术训练的主要方法

技术训练要贯穿于训练工作的始终，掌握技术或改进技术细节，应在大量跑的练习中进行。

（1）从"少吃多餐"到"多吃少餐"。起初，每天进行4次训练，随着运动员心肺功能和内脏器官的增强，身体素质和运动能力得到逐渐提升。此时，可以逐步增加运动负荷，并将训练次数改为每日2~3次。通过这种方式，可以确保训练负荷数量具有高的起点，以及训练负荷的强度达到要求的相对高水平。

（2）以长补短、以短补长、长短互补、全面发展。"长"和"短"不仅反映了训练的负荷量高低，也反映了训练的负荷强度大小。通过对人体能量消耗的研究，可以将有氧代谢、磷酸原供能、糖酵解等不同能量供应方式，以及有氧和无氧代谢的混合供能，巧妙地结合在一起，通过在不同训练时期和阶段中按照各个代谢方式的不同比例进行训练，促进运动员的速度、耐力以及"高速度"持续跑等专项能力的全面提升。

针对每项中长跑比赛而言，人体需要经历三个能量供应过程，即有氧代谢、糖酵解和磷酸原供能。马俊仁将比赛期间的三种代谢供能过程有机地结合起来，形成了一种全新的训练方式。经实践证明，结果非常明显。

（3）科学地利用高原（海拔1 900~2 300 m）低气压、缺氧环境。提高训练强度，逐渐增加训练负担。在上高原之前，建议运动员先进行1~2周的海拔较低的适应性训练，这样会更有效地帮助他们适应高海拔环境下低气压和缺氧的情况。

（4）重复训练法。这种训练方法旨在提高专项速度耐力、锻炼跑步时的节奏感和速度感，常常在竞赛期间被使用。重复训练指的是反复进行几个固定的段落训练，并在训练中将这些段落的长度缩短或拉长以达到不同的训练效果。如果段落长度小于比赛距离，则需要以比赛速度更高的速度进行训练。相比间歇训练，重复训练能够更加有效地引起运动员体内的疲劳反应，具备更好的实战应对能力。

（二）中长跑的专项素质训练

1. 耐力素质训练

中长跑运动员必须具备耐力这一关键特质。耐力通常指运动员在一段时间内，能够持续发挥最佳水平的长跑能力。耐力可以分为普通耐力和特别训练过的专业耐力。

（1）一般耐力。通常所说的耐力是指有氧运动能力，也就是可以持续较长时间、速度较慢、强度较低的跑步能力。通过步行、慢跑或结合其他元素进行，可以进行有氧性训练。时间和速度之间存在一定的比例关系，比如跑步进行2 h，需要保持5 min/km的速度；而在进行1 h的跑步时，则需要保持4 min/km的速度。

（2）专项耐力。专项耐力是指运动员在整个跑程中保持始终如一高速度的能力，这对于中长跑运动员是至关重要的。专项耐力训练可称为无氧训练，强度要求一般采用以下3种方法。

①百分比强度要求法：计算某段跑程强度要求的公式为：

$$强度要求 = 个人最好成绩 \div 强度$$

例如，运动员在600 m比赛中跑的最高纪录是1分30秒，如果他的强度要求是85%，那么他需要在1分钟30秒除以85%的比例来跑，也就是需要跑1分45秒9。运动员不仅需要在整个跑步过程中保持强度，还需要在不同阶段内保持特定强度范围。

②比赛速度要求法。首先，根据预计的比赛成绩，计算出每100 m的平均成绩。在实际比赛中，只需将这个平均成绩乘以所跑距离的1%，结果即为该段距离的比赛速度强度。如果运动员预期在1 500 m比赛中跑出4分钟的成绩，那么在训练时，需要以比赛速度跑800 m，这样的训练强度相当于以2分08秒的速度跑完800 m。

③自然强度要求法。自然强度是指教练员在要求技术或体力方面并未具体规定数值要求，而是采取一种更为自然、相对宽松的方式来指导训练。只有当运动员训练自律且有足够的训练水平时，才能有效地应用这种方法。通常情况下，这种方法被用于训练时的转换，主要目的是适应不同的环境、气候变化或其他特殊情况。在整个准备期中，专项耐力训练只占一定比例，但在竞赛前期和竞赛期中它的重要性更加凸显。

（3）发展耐力训练的主要方法。一般耐力和专项耐力的训练手段和形式是相同的，但在运动员的身体状况、完成跑步的时间、休息时间以及重复运动的数量等方面会有所不同。通常情况下，耐力训练的强度不会超过79%。而专注于特定运动项目的耐力训练的强度则在80%～94%之间。如果运动员想提高耐力水平，可以采用20组400 m的跑步训练，保持运动强度在79%以下，并在每组结束后进行200 m的慢跑来休息。如果想提高专项耐力能力，采取3组（每组2个400 m），达到80%～94%的强度，每组之间慢跑200 m，休息时间为7分钟。以下是发展耐力训练的4种方法。

①持续跑：通常在公路上进行，基本特点是距离长，匀速跑。对于新手来说，一节课的最短持续时间应该在15～20分钟。出色的运动员每周至少要跑140～160 km（现已增加到每周超过200 km），每次跑步课程的距离应该在12～20 km之间，同时强度也要更高。在跑步过程中，需要在3分钟20秒到4分20秒之间完成1 km的跑步路程，并且心率需要保持在大约170次/分钟的水平。在接近终点的最后1～2 km内，可以进行有氧和无氧的综合训练，或仅进行无氧训练。

②法特莱克跑：也称速度游戏。这种运动的主要特点是在户外自然环境中进行，持续时间较长，距离和跑速没有固定要求，而且不会限制慢跑的时间，属于变速跑。使用法特莱克跑可以作为针对不同心率水平（130～180次/分钟）的有氧能力训练方法。此外，在进行加速跑阶段，还可以提高运动员的无氧代谢能力。法特莱克跑的跑步时间在0.5 h～2 h之间变化，具体取决于运动员的跑步速度和加速跑步的距离长短。这种方法应该持续整年，尤其在冬春季节更应多加使用。这种技巧对1 500 m到5 000 m赛跑的运动员非常有效，但在10 000 m以上的长跑中，运动员并不经常使用它。这种高强度的训练方法同样也不适合800 m赛跑运动员。

③重复跑：通过反复奔跑来锻炼速度和专项耐力，这有助于培养跑步的速度

和节奏感，并且在比赛中也常常被使用。训练过程中可以采用反复跑同一路程或者同一距离内的不同路线进行训练。跑 5 组 200 m，每组之间休息 5 分钟；另一种说法是用 21 s 的时间，先跑 150 m，然后休息 3 分钟，接着每组用 27 s 的时间跑 3 组 200 m，每组之间休息 5 分钟；最后再每组用 20 s 的时间跑 2 组 150 m，每组之间休息 3 分钟。尽管距离可能会有所变化，但强度应该保持相对稳定。

采用重复跑练习，选择的段落应以短于专项距离为主。例如，800 m 跑运动员，以 400~600 m 为主；1 500 m 跑运动员，以 700~1 200 m 为主；3 000 m 跑运动员，以 1 000~2 000 m 为主；5 000 m 跑运动员，以 1 000~4 000 m 为主；10 000 m 跑运动员，以 1 000~6 000 m 为主。

④间歇跑：间歇性训练法是非常有价值的，尤其对于 400 m 和 800 m 长跑运动员，其效果尤为显著。实行间歇训练法相对来说比较棘手，需要教练深入掌握这一方法，并对运动员的情况进行详细了解后才能实施。这个方法的特征有以下三点：第一，它以有规律的交替方式进行，并且有一定的间歇时间。尽管这种方法能在一定程度上促进运动员身体的恢复，但并不能完全恢复。第二，训练的强度存在差异。有的人跑得和比赛速度一样，但也有一些人跑得比比赛速度更快或更慢。第三，运动强度高。训练方式的不同在于间歇跑与持续跑、重复跑的休息时间。间歇训练的休息时间较短，使得身体无法得到充分恢复，同时即使间歇时间相同，也无法完全恢复。比如，6×200 m/27 s，每个间歇慢跑 200 m，当脉搏恢复到 120~130 次／分钟就开始下一次的练习。

间歇跑的主要方式为：有氧与无氧结合训练、无氧训练。

间歇训练的内容如下。

其一，距离。必须跑得比比赛距离更短。对于 800 m 的运动员，可以通过短距离或长距离间歇训练来提高训练效果。例如，可以进行 200 m、300 m 和 400 m 的跑步，也可以进行 3 000 m 的间歇跑训练。

其二，强度。具体的训练计划可以根据目标任务的不同需求而制订。如 800 m 成绩为 2 分钟的运动员可以选择这样的训练计划：连续做 4 组 200 m，在 30 s 内完成每组，然后进行 200 s 缓慢慢跑。跑 4 组每组 200 s 耗时 25 s 的快跑，然后再跑一段 200 s 的慢跑。跑 4 组 200 s，每组跑 35 s，然后再跑 200 m 慢跑。在经典的间歇训练中，需要逐渐增加强度。

其三，重复的次数。通常一次课中，间歇跑训练的总量不宜过多地超过专项距离的长度。

其四，间歇的时间与内容。运动员水平的高低直接影响间歇时间，高水平的运动员需要更精准地控制间歇时间。时间和脉搏均可作为控制间歇时间的方式。为了让不同专项的运动员得到合适的休息，建议根据间歇休息的重点来确定不同段落间跑步的间歇时间。注意，间歇休息的重点不在于时间长短，而在于休息方式，不能停、坐、卧，而应慢跑或走。

2. 速度素质训练

中长跑的表现可以通过进行速度素质训练来显著提升。男子 800 m 世界纪录在 1 分 41 秒 11 内完成，全程的平均速度为 6.7 m/s。这表明，800 m 长跑选手应该以无氧速度训练为基础来进行训练。

速度可以从三个方面来表现：第一个指标是绝对速度，它表示的是 30～60 m 行进跑的速度；第二个指标是基础速度，也就是 100 m 的奔跑速度，而第三个指标则是相对速度，即短于专项距离的段落速度，如 800 m，计取段落 400～600 m；1 500 m，计取段落 800～1 200 m；5 000 m，计取段落 3 000 m；10 000 m，计取段落 5 000 m。确定训练指标的主要参考依据是了解运动员的速度水平。

以下是加快发展速度的主要途径。

（1）跑的专门练习：30～100 m 的加速跑、快速跑、变速跑、阶梯跑练习。

（2）借助外力短距离跑（如顺风跑，牵引跑，下坡跑，在活动跑道上跑等）。

（3）其他各种速度练习和素质性游戏，力量及弹跳力的练习，比赛训练法等。

速度训练课的安排，冬天应每周一次，冬天到夏天的过渡期每周安排两次，在比赛季节每个周期（两个星期）安排 3 次。

3. 专项力量训练

（1）专项力量训练的特点。中长跑要求力量耐力的发展，因此力量训练的重点应该放在增强耐力方面，这需要运动员进行练习的次数增多，距离加长。重点应该放在提升耐力和发展全身肌肉力量上，而躯干和双臂力量则是次要的。

（2）专项力量训练的主要方法与手段。加强下肢和踝关节的力量锻炼方法：①进行徒手全蹲练习，每组进行 50～100 次，重复进行 3～4 组。②尝试完成 50～100 次的徒手半蹲，重复进行 3～4 组。③进行 3～4 组弓箭步交替跳，每组执行 100～150 次。④进行 3～4 组 100 m 的单脚交替跳跃。⑤进行单脚跳和跨步跳的组合练习，每组 100～200 m，重复进行 3～4 组。⑥多级跨步跳，需要先跳过 10 级，然后跳过 7 级，接着跳过 5 级，最后跳过 3 级。⑦进行 3～4 组后蹬跑，每组跑 100～300 m。

增强抬腿肌群和躯干力量的训练：①进行仰卧抬腿练习，让双腿保持挺直向上抬起（每组20～30次），进行3～4组。②完成3～4组，每组进行30～60次的立卧撑。③进行仰卧抱头交错换腿的收腹练习，每组做20～30次，总共做3～4组。④进行3～4组，每组进行20～30次的屈膝收腿练习，然后再做俯卧撑。⑤可以进行3～4组俯卧撑训练。⑥进行各种实心球的投掷和抛掷练习。

第四节 接力跑的教学与训练

一、接力跑的教学设计

（一）教学目标

1. 认知目标

通过学习，了解接力跑的概念、发展、特点、锻炼价值、基本技术和战术、基本的规则与裁判法等。

2. 技能目标

通过学习，掌握接力跑的基本技术及教学手段与方法，发展接力跑的专项身体素质教育。

3. 情感目标

通过接力跑的学习，培养学生的合作精神和集体责任感、荣誉感；提高学生对接力跑的学习兴趣及自信、勇于拼搏的心理品质；使学生能够感知、欣赏接力跑的速度美、衔接美与协作美。

（二）学习者分析

1. 认知基础

在神经系统发育方面，学生正处于脑细胞建立联系的上升期，沟回增多、加深，神经联络纤维的数量大大增加，联络神经元的结构和皮层细胞的结构机能迅速发展，是智力水平高、记忆功能强、抽象思维获得重大发展，分析综合能力明显提高的时期。这为学习接力跑传接棒技术、理解适宜的传接棒的时机与位置、接棒者对起动时机的判断以及全队顺畅的协同配合等奠定了认知的基础。

2. 技能基础

跑是接力跑的主要技术结构，而教学中主要以短距离接力跑为主，因此，短跑的专项身体素质基本能够反映短距离接力跑的专项身体素质要求。专项身体素质主要有力量素质、速度素质和耐力素质等。由于体育专业的学生在中小学体育学习时期是体育基础相对较好的学生，并且这些身体素质在学生参加高考的体育加试中已得到检验，因此，学生基本具备学习接力跑的身体素质基础。又因为接力跑的特点与价值使其成为中小学体育教学的常见内容，体育专业的学生在中小学的体育课教学中已经有过各种游戏性质的接力跑的实践和体验，故而有一定的运动技能储备。

3. 情感基础

体育专业的学生一般在 18~21 岁，处于青少年晚期，从其情绪情感发展的特点来看，随着知识结构的完善，社会经验的丰富以及自我意识、想象能力的发展，他们的情绪体验日益深刻，体验的内容日益广泛，道德感、理智感、美感等社会性情绪情感已占主导地位，社会性情绪的水平较高。与人交往时的友谊感，与遵守行为准则规范相关的道德感、与精神文化需要相关的美感和理智感等是他们的主要追求，而接力跑由于团队合作的集体性质赋予其增进友谊、背负责任、提升速度与交接完美、准确、达到传接棒技术学习目标等特点，能够满足学生对社会性情感发展的需要。

（三）教学内容分析

接力跑是由周期性的短跑与非周期性的传、接棒技术构成的，以规定人数、限定距离，并以接力棒为传统工具的团队性竞赛项目。能量代谢类型主要以磷酸原代谢形式为主，糖原代谢为辅。生理机能的特点着重表现在神经过程灵活性高，转换速度快。

每个队员为争取团队的胜利而不遗余力地奔跑所呈现出来的流畅速度、接力棒传接的默契合作或突如其来的变数，造成各队争先恐后的竞赛场面，使接力跑充满竞技性、观赏性和戏剧性，有较强的视觉冲击力。

接力跑符合体育专业学生的身心发展特点，深受学生的喜爱。通过接力跑的学习能有效地提高中枢神经系统的强度，改善心血管系统和呼吸系统机能；发展学生的力量、速度与奔跑的能力；增强竞争意识、树立团结协作的观念和培养集体主义精神。

接力跑成绩受到第1棒队员的起跑速度、各棒次队员的跑速、棒次之间传接棒的时机与技术的顺畅程度和棒次安排的战术策略等因素影响。

（四）接力跑教学的重点和难点

教学重点：掌握在高速奔跑中顺利地完成传接棒的方法。

教学难点：接棒人的启动时机和传接棒时机的确定。

（五）教学策略

1. 准备活动

（1）活动关节。①活动肩关节。前后直臂摆动练习，前后屈臂摆动练习。②活动肘关节。后甩臂练习：在前后屈臂摆动的基础上，当臂以肩关节为轴后摆至一定高度时，将小臂以肘关节为轴向后甩开。③活动髋关节。髋屈伸练习：大小腿屈腿，向后高抬大腿至与地面基本平行；向后大小腿直腿，后伸整条腿，将髋关节伸展开。髋绕环练习：一腿支撑，另一腿大小腿折叠，做过栏动作。两臂、上体协调配合。④活动膝关节。抚揉膝关节：两腿并拢，体前屈两手扶膝关节处，使膝关节向左、右、内、外各个方位运动。蹲起练习：两腿并拢下蹲，两手扶膝关节处，两脚跟不离地面，身体微微上下震动，起立后成体前屈，两手扶膝关节处向后震压。

（2）腿部肌肉拉长练习。静力和动力、原地与行进间相结合的腿部各部位肌肉的拉长练习。

（3）跑的专门性练习。①行进间小步跑接放松跑练习；②行进间高抬腿接放松跑练习；③行进间后蹬跑接放松跑练习。

（4）接力跑游戏。①迎面接力；②环形接力。

2. 技术教学

（1）学习传、接棒技术。教学手段：①教师讲解上挑式和下压式传、接棒技术的动作要领及其优、缺点；②请1名学生配合教师示范，演示上挑式、下压式传、接棒技术；③原地徒手进行上挑式、下压式传、接棒技术的单个动作练习；④原地徒手进行上挑式、下压式传、接棒技术的配合动作练习；⑤原地持棒进行上挑式、下压式传、接棒技术的配合动作练习；⑥慢跑持棒进行上挑式、下压式传、接棒技术的配合动作练习；⑦中速跑持棒进行上挑式、下压式传、接棒技术的配合动作练习。

教学提示：①学生成体操队形散开，在教师统一口令指挥下练习；②学生成体操队形散开，前后排2人一组，相距1.3～1.5 m，传棒者身体的右侧与接棒者身体的左侧相对，在教师统一口令下（或自由）练习，传、接棒方法以及传、接者可互换。

（2）学习各棒次的起跑技术。教学手段：①教师讲解并示范各棒起跑技术，②第1棒弯道蹲踞式起跑技术练习，③第2、4棒直道半蹲踞式或站立式技术练习，④第3棒弯道半蹲踞式或站立式技术练习。

教学提示：①在教师统一口令指挥下，在4×100 m接力跑各分道起跑线后持棒分组练习；②在教师统一口令指挥下，在4×100 m接力跑各分道第1、3棒接力区内分组练习；③在教师统一口令指挥下，在4×100 m接力跑各分道第2棒接力区内分组练习。

（3）学习接力区内的传、接棒技术。教学手段：①教师讲解接力区的范围、起动标志线的确定及适宜的传、接棒时机；②2人一组在接力区内进行传、接棒技术练习；③2×50 m接力跑练习。

教学提示：①2人一组高速在接力区内完成传、接棒的自由练习；②在教师统一口令指挥下，2人一组高速在接力区内完成传、接棒的分组练习。

（4）学习全程接力跑技术。教学手段：①教师讲解各棒次安排的策略；②4人成队的接力跑练习；③4×50 m接力跑练习；④4×100 m接力跑练习。

教学提示：①4人一组高速跑中完成传、接棒的自由练习；②在教师统一口令指挥下，4人一组高速在接力区内完成传、接棒的成组练习，各棒次可依次轮换；③在教师统一口令指挥下，4人一组完成标准的4×100 m接力跑练习。

（5）简介4×400 m接力跑技术。①4×400 m接力跑技术的特点、主要的规则和裁判法；②各棒起跑位置；③传、接棒的方法。

3. 易犯错误、产生原因及纠正方法

（1）传棒人追不上接棒人。产生原因：接棒人过于紧张，高估了传棒人的跑速，起动过早或起跑标志线离接力区过远。纠正方法：缩短起跑标志线至接力区的距离，情绪放松，准确判断起跑的时机。

（2）传棒人超过接棒人。产生原因：接棒人低估了传棒人的跑速，反应迟缓、起动过晚或起跑标志线离接力区过近。纠正方法：延长起跑标志线至接力区的距离，全神贯注，准确判断起跑的时机。

（3）接棒人接棒时回头。产生原因：缺乏系统的训练，对顺利完成传、接棒信心不足，精神过于紧张。纠正方法：在各种跑速下反复练习正确的传、接棒技术，形成动力定型，有把握面对比赛。

（4）传（或接）棒人没有按合理的位置跑进，给传（或接）棒人造成困难。产生原因：各棒次缺乏合理的站位配合训练。纠正方法：明确各棒次合理的站位配合，并加强训练。

（5）传棒人持棒臂前送太早，或接棒人接棒臂后伸太早，或起跑时接棒臂即拖曳在体后，影响跑速的发挥。产生原因：传棒人跑到接近传接棒时过于疲劳，担心不能赶上接棒人，或接棒人担心不能及时接到棒。纠正方法：传棒人根据两人之间的跑速、状态和情况以口令的形式反复进行练习。

（6）掉棒。产生原因：传接棒动作过于紧张，在接棒人还未做好接棒动作即开始传棒，或手持棒的部位不正确。纠正方法：首先要确保接棒人接棒的姿势，右手在身侧，手掌反转朝上，然后虎口处分开并保持住。后面交棒的人要拿棒的下端，确保将棒的上端拍到队友的手上，然后依次如此，队友接到的始终是棒的前端。应注意不可握中间，否则容易出现交接时掉棒的情况。运动员需要按照参加比赛的顺序多加练习，在交棒的队友距自己三四米的时候，接棒人开始慢慢小跑，手保持姿势，交棒人稍微减速，伸手交棒。值得注意的是，需要保证交入队友手中接力棒的部位是棒的上端，可以在平时多进行相关练习，把握感觉。

二、接力跑的训练

（一）接力跑的技术训练

技术训练的任务是要使运动员建立正确的技术动作概念，做到经济、实效，并结合个人特点，形成独特的技术风格。

技术训练与专项素质训练是相互促进的，因此，所选用的技术训练方法应具有双向功能。在技术训练中应严格遵循动作技能形成的规律和有关的训练原则。

技术训练的方法应根据训练任务来选用。一般在主要为建立正确动作概念的训练中，多采用分解法、示范法或声像法；在主要为学习和掌握动作技术的训练中，多采用分解法、完整法或重复训练法、比赛训练法和变换条件训练法。此外，还应根据训练对象的不同情况选用合适的训练方法。接力跑的技术训练主要包括起跑技术训练和传接棒的技术训练。4×100 m 和 4×400 m 接力跑的第一棒起跑技术与短跑起跑技术基本相同。一般情况下，传接棒的技术训练方法采用重复训练法和比赛训练法（见图3-2）。

图3-2　接力跑传、接棒

（二）接力跑素质训练

接力跑的素质训练主要包括速度素质训练和心理素质训练。

1. 速度素质训练

速度素质训练是接力跑训练的核心，也是接力跑训练的重点。运动员所需要的速度素质可分为反应速度、加速度、动作速度和速度耐力。由于速度素质训练的生物学基础类似力量素质训练的生物学基础，所以，某些力量素质的训练方法也适用于发展速度素质。不同的是，应使负荷安排更能体现出发展速度的性质与要求。对提高速度素质具有独特效能作用的训练方法可归纳为以下两类。

（1）外力训练法。外力训练法是指借助牵引力、风力和重力等外力的作用进行练习的方法。如牵引跑、顺风跑、下坡跑、在活动跑道上跑等。该方法能有效地提高动作的幅度和频率，并在心理上形成快速动作的意识和速度感。

（2）比赛训练法。比赛训练法是指通过与同等水平接力队进行比赛的方法，调动心理能量，提高速度水平。

2. 心理素质训练

心理素质训练的重要任务是培养运动员充分发挥意志品质的作用，提高自控能力和抵御外界因素干扰的能力。对于接力跑项目，运动员的心理训练多采用信心鼓励法、形势分析法、呼吸调节法、暗示调节法、模拟训练法、声像调节法、活动调节法、放松调节法等，目的是消除运动员思想上和心理上的紧张情绪，增强运动员的自信心。

第五节　跨栏跑的教学与训练

一、跨栏跑的教学设计

（一）教学目标

1. 认知目标

（1）了解跨栏跑的发展与演变概况；

（2）了解跨栏跑场地、器材的革新和裁判规则的变化；

（3）了解跨栏跑的技术演变；

（4）理解并掌握跨栏跑的概念、技术环节、动作要领以及影响运动成绩的因素，初步掌握跨栏跑的教学设计。

2. 技能目标

（1）掌握跨栏跑的动作技术，完成并合理示范跨栏跑技术组成部分的动作；

（2）能对动作技术进行讲解，分析技术中存在的问题，给予解决的手段；

（3）能够熟练掌握并运用教学设计的内容组织跨栏课的教学。

3. 情感目标

（1）培养学生的组织纪律性，注意安全，养成严格地遵守课堂规定的习惯；

（2）利用跨栏跑项目的特征，培养在快速奔跑中跨越障碍、不怕困难和障碍的顽强意志品质；增强学生的自信心；培养学生锻炼自我、超越自我的良好品质，形成良好的归因风格，增强学生的自我效能感。

（二）学习者分析

体育教育的本科学生都是经过严格的训练和测试考入大学的，有着良好的身体素质，但对跨栏跑项目比较陌生，对场地、器材、规则都没有深入的了解，对于跨栏跑技术没有形成正确的动作表现。在学习初期，学习热情比较高，随着学习的深入对学生的身体素质、运动能力、心理素质等均提出了较高要求。因此在教学中，教师要充分调动学生的积极性，认真仔细地观察学生每次练习及每个动作，帮助学生克服各种困难，激励学生树立自信心，并把学生的心理锻炼和身体运动锻炼结合起来。

（三）教学内容分析

1. 跨栏跑项目的特点与价值

跨栏跑是速度快、强度大、节奏性强、技术复杂的运动项目，对于运动员各项身体素质以及正确掌握技术都有较高的要求。跨栏跑教学者利于培养学生顽强的意志，增强学生的自信心。

跨栏跑技术练习能够很好地发展学生的速度、力量、耐力、柔韧素质和灵敏性等身体素质，为其他项目的学习提供良好的身体条件并对其他理论的学习与应用有较好的促进作用。

2. 教学中的重点与难点

教学重点：起跑到第一栏技术，跨栏步技术，尤其是快速攻栏及四肢的协调配合技术。

教学难点：跨栏步与栏间跑的衔接，跨栏步和下栏后身体的平衡。

（四）教学策略

1. 准备活动

跨栏跑是田径运动项目中技术性较强，对身体条件以及素质要求较高，节奏性较强的项目之一。为了充分利用课堂教学时间，促进学生尽快掌握跨栏技术，教师在准备活动中除了采用常规活动内容外，建议多采用专项性练习内容进行准备活动。

教师利用教材、网络资源通过讲解示范的方法组织学生进行身体各部位的活动练习。专项准备活动主要结合专项技术要求进行设计，主要以下肢（跨栏步）的专门性练习为主，比如髋关节柔韧素质练习，利用肋木与栏架进行起跨腿的提拉、摆动腿蹬地、积极下压的练习，徒手或利用栏架原地、行进间跨栏的诱导练习和各种压腿练习等，贴近技术特点，促进学生对技术的掌握。

2. 技术教学

在教学过程中，通常以介绍跨栏跑的一般知识、学习跨栏步技术、蹲踞式起跑过第一栏技术、跨栏步和栏间跑相结合技术、全程跨栏跑技术五个环节进行教学。在教学的初期以学习跨栏步和栏间跑相结合的技术为重点。在以前的教学中较多采用分解教学法，而在近年的跨栏教学中教学顺序有所改变，突出跑跨结合的能力，以先教栏间跑为主，在教学方法上也采用了先完整后分解的教学方式，以提高学生的跑跨能力，当学生体会了跨栏跑的正确动作路线后便可直接过栏。在实际教学中，可以根据不同学生的具体情况来选择栏架的高度和栏间的距离，降低难度，以便于学生掌握技术。

（1）介绍跨栏跑的一般知识，建立跨栏跑的完整技术概念。教学手段：①简要介绍跨栏跑的特点，比赛项目和锻炼价值，栏高、栏距等；②跨栏跑技术示范，用站立式起跑过2～3个栏，结合示范或通过图片讲解跨栏跑的基本技术，也可按技术环节边演示边讲解，使学生形成正确的动作表象，帮助学生建立正确的跨栏跑技术概念。

教学提示：教师示范时不要强调速度，而要求动作轻松，让学生感到轻松自如，帮助学生克服恐惧心理。

（2）学习跨栏步技术。

学习摆动腿过栏技术。教学手段：①原地摆动腿过栏练习。前脚掌着地一条腿站立时，身体挺直或微微向前倾，另一条腿弯曲膝盖高抬，带髋向前，大腿要用力向下压，膝盖放松，小腿随即向前摆动，并落在身体重心投影点前方的地面上。②走步或慢跑中做摆动腿过栏练习。每走过3～5步就进行一次慢跑，待熟练后每走过一步就做一次慢跑，并逐渐提高练习速度，让身体动作流畅自然的同时得到放松。③走步或慢跑中栏侧摆动腿过栏练习。靠近栏架一侧摆动腿，然后走或慢跑至距离栏架后方大约1m的位置，以起跨腿着地，摆动腿屈膝高抬，小腿迅速向栏架上方摆出，然后大、小腿积极下压，直腿下落用前脚掌支撑。经过熟练练习后，可以提高奔跑速度，并且连续跨越3～4个栏杆。

学习起跨腿过栏技术。教学手段：①手扶肋木做起跨腿提拉练习。站在跨腿后，靠近栏架一侧，肋木与身体的距离约1m，两手扶着肋木，身体向前倾斜，并保持双眼平视。栏架可以横放或竖放。开始起跨腿伸直向后摆至最远处，接着屈膝外展经腋下向前上方提拉过栏。要求展髋、抬膝有较大的幅度，减少身体扭转，练习速度由慢到快。栏架也可以纵放或栏板前端略高于后端，起跨腿沿栏板向前提拉，膝提拉到身体正前方，小腿自然下垂。②走步中做起跨腿过栏练习。以步行3～5步的方式，迈出动作并落地，跨过障碍物。随后，跨出另一条腿，小腿和大腿向外折叠，在障碍物上方经过体侧拉过障碍物，同时向前倾身。要求将大腿往上提拉，与身体正前方形成交叉姿势。③慢跑或快跑中在栏侧做起跨腿过栏练习。在栏架旁边跑步时，当距离栏架 1.5～2 m 时，向一侧跨出一条腿，同时腾空这条腿，然后迅速将大腿和小腿折叠并将身体的侧面伸展在栏架上方，以向前提拉身体。在脚触地后摆动腿部，接着跨出一步向前迈出下栏，然后继续奔跑向前。要求在起跨腿时充分蹬地，快速提拉过栏，并让双腿协调配合地摆动。在穿越 3～5 个栏时，每个栏之间相隔 7～8 m。先步行通过，之后再以慢跑的速度通过。

教学提示：练习时始终保持前脚掌着地，高重心、高支撑。提拉走跨腿时边提边拉，不要先抬高后提拉。提拉起跨腿到体前时要呈高抬腿姿势。

学习过栏时两腿的剪绞动作和上下肢配合动作。学习跨栏时需掌握剪绞动作，即在起跳时，迅速摆动双腿并主动下压着地的同时上半身与下半身紧密配合，使两腿顺利提拉过栏。上下肢的协调配合有利于缩短腾空时间，尽快重新获得支撑。教学手段：①原地做"跨栏步"模仿练习。保持静止站立，抬起腿屈曲膝盖并向上提起大腿，接着在向前摆动小腿并用前脚掌着地的同时，利用腿部力量跳起并同时屈曲外展膝盖，身体向前方拉动并着地。②原地摆动腿过栏练习。站在栏杆前方，双腿跨开 30～40 cm，保持上半身挺直。然后将一条腿弯曲并放在栏杆上，让小腿自然松弛垂下。接着，先摆动腿直过并再次摆动腿以蹬离地面，然后腿下压用前脚掌着地，并迅速提拉过栏。③慢跑中做跨栏步练习。跑步时，可以把腿向前摆出，屈膝，然后将大腿向下施压，让脚掌着地。同时，抬起另一条腿，弯曲膝盖向外转，向前拉至身体正中央。需要确保左右手臂协同工作。在初学时，每跑 3 步就做一次，随着熟练程度的提升，可改为每跑 1 步做一次。④高抬腿跑从侧栏或栏上过栏。身体保持高重心，向前高抬腿跑至栏前约 1 m 处起跨。练习时要求腾空时间短，两腿剪绞速度快，上下肢配合协调，下栏后继续高抬腿跑准备跨越下一栏。⑤栏间跑一步连续过栏。在考虑学生能力的前提下，栏杆间的距离应该为 3～3.5 m。开始的时候需要快速奔跑，到达第一个栏杆时需要注意双腿和双臂的协调。可先做栏侧跑一步连续过栏的练习，再过渡到栏上过栏。

教学提示：注意两臂动作配合的作用。腰部保持一定程度的紧张，以便减少扭转幅度。

（3）蹲踞式起跑过第一栏技术。起跑过第一栏的技术总结概括为"快"，即起跑快，加速快；"准"，即栏前步点准，特点是起跨点准；"稳"，即栏前跑节奏稳。

教学手段：①试跑练习。用站立式起跑技术跑8步，检查步长和起跨距离。②在跑道上画点或放置标志物，以帮助学生建立起至第一栏（8步）步长的空间定位感。③跑8步跨越横杆或橡皮条练习。去掉跑道上的标志物，按已熟悉的步长和节奏，快跑8步跨过横杆或橡皮条后继续跑进。④起跑过第一栏专门练习：起跑后跑8步以起跨腿或摆动腿在栏侧过栏。⑤站立式起跑跨过第一栏。⑥蹲踞式起跑过第一栏。使用起跑器，听信号起跑过栏。

教学提示：8步加速跑时，速度应有所控制，逐渐加速。让学生默念8步节奏，按节奏跑提高起跑到第一栏的准确性。

（4）跨栏步和栏间跑相结合技术。现代跨栏跑体现在跨栏周期快，栏间跑得快，完成动作快，跑转跨、跨转跑转换快。教学中重点内容，是使学生掌握快速奔跑中转换的能力。

教学手段如下：①站立式或蹲踞式起跑跨2～3个栏：男生练习的栏高为91.4 cm，栏间距离11～12.5 m，跑5步；或8.5～8.9 m，跑3步。女生用76.2 cm高的栏架，栏间距离10～11 m，跑5步；或7.5～8.5 m，跑3步。②站立式起跑过3～5个栏练习，栏高和栏间距离根据学生情况确定。③适当缩短栏间距离，站立式起跑连续跨过5～8个栏架，培养学生栏间快节奏跑的能力。④蹲踞式起跑过5～10个栏练习，重点提高栏间跑节奏。

教学提示：在跑出4～5步时要抬起上体，便于起跨前抬高身体重心。注意起跑器安装应适应跨栏跑的要求。

（5）全程跨栏跑技术。教学手段如下：①站立式起跑。跨越缩短栏间距离的8～10个栏，栏高也适当降低。②不同栏高、栏距的组合练习。前3个栏较高，中间两栏较低，后2～3栏较高；或前2栏较低，中间3栏较高，后2～3栏较低。栏间距离也可做相应调整。③降低栏架高度的节奏跑练习（8～10栏）。栏高76.2 cm，栏间距离8.3～8.5 m。④蹲踞式起跑跨5～7个栏。重点提高跑速，改进跨栏步与栏间跑相结合的技术，建立正确的栏间跑节奏。⑤听信号站立式起跑或蹲踞式起跑跨5～10个栏练习。⑥半程跨栏跑（男生55 m，女生50 m）或全程跨栏跑的技术评定与计时检测。

教学提示：栏间跑要求接近平跑技术，敢于加速。注重指导学生建立栏间跨的节奏。

3. 易犯错误、产生原因及纠正方法

（1）跳栏。产生原因：身体在起跨时的重心较低，并且处于较靠后的位置；由于起跳点靠近障碍物，所以担心撞到栏杆；身体保持笔直，腿部摆动并向上踢，以产生上摆动作。纠正方法：在摆放标志时要选择一个跨越起点的位置；降低栏杆高度，消除对栏杆的恐惧心理；掌握摆动腿屈腿摆动攻栏技术。

（2）摆动腿直腿过栏或盘腿绕栏。产生原因：未清晰理解动作概念；前摆腿时，大腿和小腿没有完全折叠在一起；小腿的前伸过度，柔韧性较差。纠正方法：解析摆动腿屈膝前摆的动作原理和技术；多次进行屈膝前摆模仿训练；要练习摆动腿侧栏过栏，需要反复进行练习，使大小腿能够在前摆时实现折叠。

（3）腾空后两腿动作消极，"剪绞"幅度小速度慢。产生原因：起跨腿的蹬地不够有力，以及提腿的时机过早；髋关节缺乏灵活性；摇摆很被动，上半身直挺，两臂配合不够协调。纠正方法：通过反复练习起跨腿栏侧过栏技术，强调在蹬直起跨腿时充分发力，并且在快速提拉身体过栏时保持身体稳定；适当增加起跨距离；增强髋关节的灵活性与柔韧性。

（4）下栏时身体失去平衡，动作停顿。产生原因：跨步时后腿被拖拽；当摆动腿时，脚底未能完全离开地面，导致跨步时起踵动作无法达到恰当位置；摆动腿下压缺乏主动性，导致身体重心落后；四肢协调不够，身体向一侧扭转，走路时同侧腿和肩膀没有同时前进。纠正方法：进行多种跨栏专业训练；通过反复模仿练习，增强上下肢之间的协调配合能力；增强髋关节的柔韧性；为了使身体在越过栏杆时和落地后能够保持平衡，需要特别注重双臂动作的控制。

（5）栏间第一步太小，影响栏间跑的节奏。产生原因：重心过于偏后，下栏停顿；提前开始起跨腿提拉动作，两腿触地的时间差小；在进行下栏动作时，摇晃腿部姿势不够稳定，同时在做跨跃式上栏动作时，腿部未能完整地提高到正确的位置。纠正方法：在栏距离最短的着地点放置一个标志物，通过反复练习，逐渐增加前进步伐，将下一栏的第一步放置在更远的位置；在双重栏架之间，跨过栏杆并抬起一条腿；提高摇摆腿的支持力量。

（6）蹲踞式起跑至第一栏起跨点不准确、不积极。产生原因：技术蹲跑姿势掌握不到位或不够熟练，缺乏积极的执行态度；起步时的加速度不足；起跑时第一步太短；在起跑到达第一栏时，节奏不够稳定，缺乏自信。纠正方法：改进起跑技术，反复练习起跑后8步节奏；摆放8步步长标志，降低第一栏高度，建立自信心。

（7）全程跑节奏不稳定。直道栏间节奏不能用 3 步跑完全程，弯道栏全程节奏前快后慢，体力分配不均。产生原因：全程栏练习较少，节奏感不强；跑跨能力差，专项耐力差。纠正方法：加强全程栏练习次数，提高练习的强度；反复练习，教师用击掌节奏让学生建立正确的全程跑节奏感。

二、跨栏跑的训练

（一）跨栏跑的技术训练

跨栏跑技术训练的主要目的是使跨栏跑技术尽量合理和准确。

1. 跨栏跑的技术要求

（1）起跑：要加强腿部蹬离起跑板的力量和速度，积极加速通过第一道栏杆，并确保在第三道栏杆前后发挥最高速度。

（2）过栏：以迅猛的速度接近栏杆，然后快速提脚踏上栏杆；攻击姿态充满力量，实施得十分彻底；提高通过栏杆的双腿交替速度；在落地时迅速着地，并顺畅地与栏杆之间完成接触；保持身体姿势时，要在起跨和着地时保持较高的支撑状态。

（3）栏间跳转：下一栏和上一栏之间的接口非常紧密；步伐舒适，节奏恰当；减少栏间步骤的支撑时间，以减少身体重心在过栏和栏间跑步时的上下起伏；走路时需要有一定的灵活度和弹性。

（4）全程跑：提高跑跨结合能力和连续快速过栏的能力；注意动作的直线性、平衡性和节奏感。

跨栏跑的步骤（见图 3-3）。

图 3-3　跨栏跑

2. 跨栏跑的主要训练手段

（1）双臂支撑，做起跨腿从栏侧过栏练习。
（2）原地做摆动腿练习。
（3）模仿过栏时的摆臂动作。
（4）坐在垫上模仿跨栏时腿和手臂的配合动作。
（5）在悬垂中，体会跨栏时的动作。
（6）手扶垒木，做跨栏练习。
（7）上一步跨过栏架。
（8）栏间一步的过栏练习。
（9）跑动中模仿跨栏练习。
（10）跨过最低的栏架（0.40~0.50 m）和跨过最高的栏架（0.914~1.067 m）。

（二）跨栏跑的素质训练

跨栏跑运动员要具有较好的速度、力量、耐力、柔韧素质等身体素质。从跨栏跑多年训练的效果看，速度、耐力、力量和专项柔韧素质对跨栏技术和成绩的影响极为重要。

1. 速度训练的内容与方法

（1）发展平跑速度的主要手段。①原地加速跑，加速到适当距离（或保持一段速度）后减速；②从走开始做行进间加速跑，加速到适当距离后逐渐减速，或者保持一段距离后再逐渐减速。

上述手段不仅有助于速度的提高，而且还有利于改进技术和节奏。另外，计时跑、短距离冲刺跑、重复跑、变速跑、标志跑、让距跑等，也是发展平跑速度的有效手段。所有这些练习都要求运动员跑时提高身体重心，富有弹性，节奏好，在保证足够步长的前提下加快步频。

（2）提高跨栏跑跑速及过栏速度的主要手段。①缩短栏间距离，控制步长。通过这个练习，可以加强过栏技能，避免单纯依赖冲力来完成过栏。②先加大跨栏难度，随后减轻难度。如先面对逆境，然后转为迎风而行（风速不大），先增加栏与栏之间的间距，接着练习在缩小间距后跨越栏与栏之间的距离。③进行跨栏训练时，需要增加起跑距离以达到更长的跑步距离。例如，在110 m跨栏比赛中，起跑距离需要增加到19~20 m，跑步步幅需要达到10步；④在跨栏比赛中，要记录最高速度跨栏选手从第三栏到第四栏之间所用的时间。全球顶尖的运动员能够在 1 s 左右或略长的时间内完成一次跨栏周期,这个度量衡描述了运动员在跨栏比赛中的速度大小。最佳时机是在运动员身体和技术状况达到最佳状态时进行此练习。⑤下坡跑转为平跑后过栏。从 5° 以下的斜坡下端以 12~16 m(8~10 步)的距离向上跑,沿着平地依靠惯性再跑 2 步越过栏杆。可以适当缩短栏杆之间的距离,有益于打破习惯性动作,加快动作速度,以及形成新的节奏感。⑥采用缩短栏之间的距离、降低栏架的高度等手段来增加栏间奔跑的速度。通常情况下,栏距会被缩小到 8.00~8.80 m 之间,同时栏杆的高度会在 0.726~1.067 m 之间,大部分采用的是 1 m 高的栏杆。⑦采用较长栏间距离的方法以提高栏间跑速度。栏间距离可以在 5 步或 7 步之间,并且栏距可以延长至 12 m 或 15 m,同时栏高也可以设置为 1 m 或 1.067 m。可以结合使用上述两种方法,全面练习各种长短距离的栏架,而不应仅限于一种,建议设置 4~10 个栏架。⑧采用平跑的方法提高栏间跑速度。通过在栏架附近放置指示物,并据此进行训练,可以有效提升和优化栏间跑的节奏。⑨用变换节奏跑和模拟节奏跑的方法形成稳定的栏间节奏。⑩采用原地快速绕栏、原地高抬腿跑和行进间高抬腿跑过栏的练习方法,以提高动作频率。⑪通过结合 3 步和 5 步的栏间跑方法,可以提高栏间跑的节奏和速度。用 3 步跨过起点到第一道栏杆,然后用 5 步跨过第一道栏杆到第二道栏杆,最后用 5 步跨过第二道栏杆到第三道栏杆。也可以自行设定栏杆数量。

2. 速度耐力训练的主要手段

(1)重复跑:110 m、150 m、200 m、300 m。

(2)变速跑:200 m 以内快慢跑交替。

(3)重复跨栏跑:起跑过 8~12 个栏若干次。每次跨栏后慢跑返回起点,接着又重新跨栏。栏架高度和栏间距离根据运动员的具体情况而定。

3. 速度力量训练的主要手段

(1)各种发展加速度、最高速度的跑步训练。

(2)跳跃练习。采用立定跳远、立定三级跳远和多级跳远、15 m 助跑跳远、跨步跳、5~10 级蛙跳、20~30 m 计时单足跳、单足交换腿跳、跳台阶(负重或不负重,要求运动员必须用前脚掌支撑,跳台阶 3~10 个,高度 40~100 cm)、5~10 栏的连续跳栏架练习(栏高 0.914~1.067 m,栏距 1~2 m)。

(3)连续单腿跳栏架。不仅能提高连续快速力量、支撑力量,对发展动作的协调性、节奏感、平衡感也有帮助。

4. 柔韧素质训练的主要手段

（1）利用过栏技巧来增强柔韧性，如跨栏坐姿，转动身体至跨栏坐姿的侧面或背面，进行空中的剪绞动作，同时进行肩肘倒立的训练。

（2）通过力量训练来提高身体柔韧性的练习，包括前后扔实心球、举哑铃并屈身摆动重沙袋以加强腿部肌肉使用、执行弓箭步压腿以及进行腿部跳跃的换腿动作。

（3）可以施展纵向或横向的劈叉，或者做支撑压腿等动作。

第四章

田径运动中跳跃类项目的教学与训练

本章主要对田径运动中跳跃类项目的教学与训练进行阐述,其中包括跳高的教学与训练、跳远的教学与训练、三级跳远的教学与训练、撑竿跳高的教学与训练。

第一节 跳高的教学与训练

一、跳高的教学设计

(一) 教学目标

1. 认知目标

了解跳高运动的起源与发展，跳高运动技术的演变过程及不同跳高姿势的技术特点，建立正确的背越式跳高的概念，明确跳高运动的锻炼价值，掌握跳高比赛的基本规则与裁判方法。

2. 技能目标

掌握跳高（背越式跳高）的基本技术和发展跳跃能力的基本方法，学会不同阶段跳高技术的正确教学方法与手段，发展学生垂直跳跃能力，提高学生成绩。

3. 情感目标

学会如何审视跳高运动的美感，激发学生对跳高运动的兴趣，启发学生对跳高技术的学习欲望，激发学生的学习动机，培养学生勇于挑战自我和勇敢顽强的意志品质。

(二) 学习者分析

1. 技术基础

中学体育课只开展了跨越式或俯卧式跳高的教学，对于背越式跳高来讲，绝大部分学生没有学习的经历。因此，背越式跳高的教学应从最基本的技术进行完整的技术教学。

2. 身体素质基础

本科学生能够经受较大强度的垂直跳跃项目的练习刺激。另外，学生通过高考已具备了较强的跳跃素质，通过合理的统一安排的教学，应能够掌握背越式跳高的技术。

3. 情感基础

现代跳高运动，特别是背越式跳高一直是一项赏心悦目的运动。无论是背越式跳高优美的运动形式，还是跳高运动员俊美的身材，都是学生非常向往的。因此，学生有非常强烈的学习原动力，教师应善于把握学生对背越式跳高的向往，将学生学习的原动力转化为持久的学习动机。另外，背越式跳高是一项不同于人体自然动作规律的运动，过杆时人体要求背向横杆。因此，学习过程中会引发学生一定的恐惧感，教师要因势利导，运用科学的教学方法和鼓励性的语言，帮助学生克服学习障碍。

（三）教学内容分析

1. 背越式跳高的技术特点

背越式跳高是集技术、速度、力量于一体的运动项目，技术虽然先进，但不易掌握，主要原因是背越式跳高的腾空过杆动作是在空中以向后仰卧的姿势完成的。身体在空中完成动作时，人的反射性保护动作都是团身，而初学背越式跳高的学生，尤其是女生，起跳后有恐惧心理，害怕向后倒会造成伤害，不敢以身体背部过，就会出现团身或起跳后侧身且用手去推横杆等错误动作。有协调用力的感知和快速助跑是背越式跳高的项目特点。因此，如何在快速助跑的情况下完成起跳动作是背越式跳高技术教学要解决的重点问题。

2. 决定跳高成绩的主要因素

运动员起跳后身体重心上升的高度主要取决于人体离地瞬间的垂直初速度的大小，垂直初速度的大小又是由起跳时身体重心腾起的角度和腾起初速度决定的。另外，跳高的技术因素，特别是背越式跳高的过杆技术对跳高成绩也有重要影响。因此，在分析决定背越式跳高成绩的主要因素时应从以下三方面入手。

（1）决定身体重心腾起角度的主要因素。背越式跳高的起跳是在助跑时完成的，运动员在起跳后会根据他们在起跳时展现的技术动作来确定身体重心的飞行方向，这些技术动作包括起跳脚着地时的角度、腿部和手臂的摆动方向，以及头和肩部的引导方向。

（2）身体重心腾起速度是决定跳高成绩的主要因素。身体重心的腾起速度主要由助跑速度、踏跳力量、起跳时的动作速率决定。

（3）决定跳高成绩（背越式）的技术因素。跳高运动员要想取得最佳成绩，必须利用合理的技术将自身的体能充分发挥。背越式跳高技术之所以先进，是因为背越式跳高可以通过过杆上"桥"式的背弓动作,最经济地利用身体重心腾起高度越过横杆。而背越式跳高杆上技术的好坏与起跳技术有直接关系。

3. 教学重点与难点

(1) 背越式跳高技术教学的重点。①助跑和起跳的结合:由助跑转入起跳,是周期性运动变为非周期性运动,不仅动作结构变化很大,而且转换必须十分连贯、自然。这一技术环节完成的好坏,直接关系到起跳的效果和过杆技术的好坏。它很大程度上取决于对助跑速度和节奏的控制,还取决于助跑倒数第二步的动作完成情况。因此,这一技术动作的每一环节都必须认真对待。②起跳技术:跳高技术由助跑、起跳、过杆和落地四个环节组成,其中起决定作用的起跳技术是跳高技术的关键环节。因此在教学中教师可把学习和掌握起跳技术作为起点和重点,然后将技术学习过程向前后延伸,直至完成整个跳高技术的教学任务。③弧线助跑:背越式跳高最后几步呈弧线助跑形式。弧线助跑技术对完成背越式跳高技术起着至关重要的作用,它直接影响起跳的速度和效果,以及过杆动作的姿态。一般情况下,初学者往往把弧线跑成了直线,上体直冲横杆而去,无法做出合理的起跳动作。因此,要加强助跑的教学和练习,在正确的弧线助跑的基础上完成过杆的"背弓"动作是背越式跳高教学过程中最重要的教学内容。完整技术教学时,在正确的助跑节奏和弧线内倾的基础上完成起跳并形成杆上的"背弓"则是教学中的重点。

(2) 背越式跳高教学的难点。①蹬摆配合技术:要想跳得高,仅靠起跳腿蹬地的力量是不够的,必须充分利用摆动腿及双臂的摆动和躯干的屈伸力量。摆动在跳高技术中的作用很大,能提高腾空时的身体重心,增大支撑反作用力,上摆制动时,增大垂直速度,为过杆创造有利条件。在起跳中,摆腿的作用也很大。但只有在恰当的时机做出合理的动作,才能发挥其应有的作用。因此,必须重视起跳动作的蹬摆配合。教师在蹬摆教学中要抓住两个环节,一是助跑倒数第二步摆动腿本身的蹬与摆,二是最后一步摆动腿和臂的摆动与起跳腿的蹬伸配合。摆臂的动作在教学中不能忽视,摆臂不仅有助于伸展躯干,而且对摆动动作有积极意义。②杆上动作:背越式跳高过杆"背弓"动作的肌肉本体感觉,与过杆的"空"感觉是背越式跳高技术中最难体会和掌握的,特别是在快速助跑的情况下则更难掌握。所以,助跑与起跳并结合杆上技术的"背弓"动作是背越式跳高技术教学的难点。起跳后使身体重心升到横杆以上的高度,是助跑起跳的主要目的。但是身体重心高于横杆并不能确保顺利过杆。充分利用已获得的高度,合理地处理身体各部分与横杆的关系，使其依次从横杆上通过，才能取得过杆的成功。杆上技术力求简单，不做多余动作，切忌"鲤鱼"打挺式的抖动动作。过杆时，必须掌握身体各部分动作的实时性，动作顺序与节奏的正确性。但是，初学者往往缺乏空间的位置感、时间感，不能很好地把握倒肩挺髋的技术动作。③适宜的起跳点：过杆动作的成功率，受起跳点位置的影响较大，因此，必须掌握好适宜的起跳点，起跳点离横杆距离远或近对过杆都会产生一定的影响。初学者由于助跑的节奏感差，步长不稳定，以及对横杆有一定的畏难感，很难跑准步点。

（四）教学策略

跳高教学策略主要体现在教学内容的分配（教学步骤）、教学方法与手段、教学的重点与难点，以及错误动作产生的原因与纠正方法等方面。

1. 准备活动

背越式跳高动作各部分连接紧密且技术复杂。所以，适宜的专项准备活动不仅可以更好地活动身体，还可以为技术学习打好基础。常用的跳高专项准备活动有以下两种。

（1）发展专项柔韧素质的准备活动：背向肋木进行大腿前侧肌的拉伸练习；行进间"波浪起"练习；垫上背弓练习等。

（2）提高起跳技术的准备活动：小弧线大步走；沿弧内倾跑；跑道直曲段跑。

2. 技术教学方法和手段

（1）建立正确的技术概念。教学手段：①利用挂图、录像帮助学生建立初步的技术印象；②讲解、示范完整背越式跳高技术，让学生了解助跑、起跳、过杆和落地各技术环节的联系。

教学提示：充分利用直观的资料时必须结合讲解，讲解应简明扼要，不宜过细，技术动作示范要正确。

（2）学习背越式跳高的辅助性练习。教学手段：①原地做各种挺身展髋练习，如原地做挺身展髋练习，单臂支撑做挺身展髋练习，双脚连续起跳做挺身展髋练习。②利用器械做各种挺身展髋练习，如背对肋木做挺身展髋练习，背对高海绵垫做挺身展髋练习，站在弹跳板上做跳上海绵垫的挺身展髋练习。③利用海绵垫做各种挺身展髋练习。在垫上做送髋成桥练习，在垫上做倒体成桥练习，在垫上做双人送髋成桥练习。④利用橡皮筋做过杆练习，如背对皮筋原地起跳越过橡皮筋，面对橡皮筋2～3步弧线助跑双脚起跳越过皮筋。

教学提示：原地挺身展髋，身体重心由高到低进行练习，开始做练习时挺身展髋停留3 s，体会动作是否到位；肋木练习时两脚与肩同宽开立，尽量靠近肋木，向前方跪膝送髋成桥；在垫上送髋要高于肩，停留2～3 s，为了加大幅度手可以握住踝关节做练习；在弹跳板上做练习时，要求双腿快速起跳充分向上，不要过早倒体，杆上充分送髋，用肩背落垫。

（3）学习和掌握起跳技术。教学手段：①原地迈步放起跳腿练习。②直线走动中做放起跳腿练习。③弧线走动或跑动中做放起跳腿练习。④上步做放起跳腿和摆腿、摆臂配合练习。⑤沿弧线助跑4步起跳做蹬摆配合练习。⑥沿弧线、直线助跑起跳，起跳后摆动腿放置适当高度的练习。⑦在横杆前面做2～4步助跑起跳练习。⑧在海绵垫前做3～5步助跑起跳，跳上海绵垫的练习。

教学提示：①做迈腿练习时，身体重心稍低，起跳腿向前迈腿时同侧髋向送出，肩和上体不要后仰，摆动腿的足跟要提起，完成动作后稍停顿一会儿。②上步练习时，蹬地迈步要积极，摆腿屈膝收小腿向前上方摆动带髋，上摆的同时起跳腿蹬伸提踵，摆臂提腰顶肩要协调配合。③上步练习时，要做到放起跳脚快、摆腿摆臂快和起跳蹬伸快。还要做到蹬摆一致，转体时应使整个身体几乎和地面垂直，并使身体背对横杆。④注意掌握正确的用力起跳技术和助跑与起跳的衔接。

（4）学习和掌握助跑技术。教学手段：①在不同半径的圆中练习助跑加速。②由直线转入不同半径的弯道跑练习。③面对横杆和海绵垫沿弧线助跑练习。④学习丈量助跑步点的方法。

教学提示：①加速时身体保持内倾，大腿高抬有弹性，上下肢摆动要协调配合，身体重心保持平稳，注意跑的节奏。②助跑脚落地时，起跳脚外侧、摆动腿内侧先着地，并迅速滚动到前脚掌。③助跑的整个过程要求动作连贯，要表现出明显的加速性和节奏感。

（5）学习掌握全程助跑与起跳相结合技术。教学手段：①5～7步弧线助跑起跳头顶高物练习。②5～7步弧线助跑起跳后双手触高物练习。③杆前做弧线助跑起跳练习。

（6）学习和掌握过杆落地技术。教学手段：①选择辅助性练习中的相关练习。②原地起跳背越过杆练习。③3～7步助跑过杆练习。

（7）掌握助跑起跳和过杆相结合技术。教学手段：①选择辅助练习中相关起跳和过杆技术的练习。②3～4步助跑起跳落在加高的海绵垫上。③3～4步助跑起跳过杆练习。④全跑助跑起跳过杆练习。

教学提示：①起跳腾空后积极攻向横杆。②起跳接过杆动作要连贯、自然。③空中送髋展体要明显，臀部过杆后及时收小腿离开横杆。④起跳快速有力向上腾起，做到蹬伸、摆腿摆臂、提肩拔腰顶头协调一致。

3. 易犯错误、产生原因及纠正方法

（1）起跳前未采用弧线助跑。产生原因：过于专注起跳而忽视了助跑技术。纠正方法：采用画线或语言提示方法。

（2）弧线助跑身体没有内倾。产生原因：由错误（1）导致，或弧线助跑曲率太小；身体重心太低。纠正方法：加大外侧肢体动作幅度，有意识加大身体内倾幅度，增大弧线助跑曲线，提高身体重心，特别是外侧的重心。

（3）助跑加速不均匀，节奏紊乱，致使起跳失败。产生原因：助跑步点不准确，缺乏节奏感；学生对横杆有恐惧感，注意力不集中。纠正方法：调整助跑距离，找出最适宜的助跑步点，通过画线培养学生的节奏感；用橡皮筋代替横杆克服恐惧心理。

（4）起跳后过早倒杆。产生原因：由错误（1）（2）（3）导致，学生心理恐惧。纠正方法：在（1）（2）（3）纠正方法的基础上，再加上采取跳高台等形式形成正确的起跳技术。同时，对学生多使用鼓励性语言以消除学生心理恐惧。

（5）屈体过杆。产生原因：没有建立正确的背弓动作的肌肉感觉，起跳时摆动腿屈膝积极上摆，然后挺髋展体完成背弓动作。纠正方法：采用垫上送髋，倒体成桥，原地高台过杆和助跑过杆等练习。

（6）落地时臀部着地。产生原因：背弓动作时间太短，过杆时收大腿。纠正方法：延长杆上背弓动作的时间，过杆时在保持背弓的基础上踢小腿过杆。

（7）全程助跑没有节奏。产生原因：学生没有建立全程助跑节奏的正确概念和不同阶段助跑的用力感觉。纠正方法：在跑道的直曲段分界线处，先让学生做 10 m 的直线后蹬跑，即将进入弯道时变成加速跑 10 m；教师用声音提示正确的助跑节奏。

二、跳高的训练

（一）背越式跳高的技术训练

背越式跳高的技术训练是在跳高技术教学的基础上进行的。背越式跳高技术的特点是"快速",即在快速助跑的前提下完成快速起跳和快速过杆(见图4-1)。

图 4-1 背越式跳高

1. 助跑技术的训练

(1) 4～6步弧线节奏跑练习，重点培养运动员弧线助跑的身体形态和助跑节奏。

(2) 8～10步全程助跑练习，在保证助跑速度的情况下强调助跑的节奏与身体形态。

(3) 30 m弯道跑练习，提高弧线助跑的速度素质。

(4) 30 m直道+30 m弯道跑练习，助跑速度及由直道进入弯道自然过渡能力的练习。

2. 起跳技术的训练

(1) 小弧线两步起跳技术的练习，主要练习放脚踏跳、摆动腿和两臂的摆动以及身体形态的控制。

(2) 小弧线四步助跑起跳练习，主要练习在保持良好的身体形态和助跑节奏的前提下快速起跳的能力。

(3) 全程助跑加轻起跳练习，主要练习快速助跑和快速起跳相结合的能力。

(4) 全程助跑起跳摸高练习，主要练习在全程快速助跑前提下全力起跳的能力。

3. 过杆技术的训练

(1) 仰卧矮高台杆上肌肉感觉练习，主要体会运动员在杆上时身体各部位的肌肉感觉。

(2) 两步助跑跳上矮高台做仰卧练习。

(3) 四步助跑起跳跳过矮高台杆上技术练习。

（4）四步助跑过低杆练习。

（5）全程助跑过低杆练习。

（6）全程助跑跳上高台练习。

（7）全程助跑过杆（不同高度）技术练习。

（二）跳高的素质训练

1. 速度素质的训练

跳高运动员的速度素质包括跑的速度、动作速度和反应速度。在训练中应结合跳高的技术特点，重点发展跳高专项速度素质。

（1）跑的速度的训练。①30 m 弯道计时跑；②30 m 直道计时跑；③30 m 直道+30 m 弯道计时跑；④上坡跑或下坡跑；⑤150 m 跑；⑥200 m 跑。

（2）动作速度的训练。①各种快速重复动作的练习，如原地快速摆臂和摆腿练习，快速高抬腿练习，起跳腿踏上跳箱快速蹬伸练习等；②持轻器械或轻负重的快速摆动和起跳练习；③20～30 m 起跑计时练习。

（3）反应速度的训练。①各种活动性游戏、球类、体操等练习；②各种组合性、综合性练习；③听信号或看信号完成各种练习；④各种变换速度和节奏的练习。

2. 力量素质的训练

力量素质指的是运动员的肌肉力量，主要包括肌肉的最大抗负荷能力（绝对力量）、肌肉弹性成分吸收储存和释放弹性的能力（弹性力量）、肌肉力量的最大输出速率（快速力量）等。跳高运动员所需要的力量素质主要是腿部及腰腹部的肌肉力量。

（1）绝对力量的训练。①负重深蹲；②负重半蹲；③负重提踵；④各种负重或徒手的腰腹肌练习；⑤负重卧推。

（2）弹性力量的训练。①弹性负重深蹲：练习负荷为最大负荷的40%～60%，要求运动员在深蹲的最低部位时依靠重力在下肢肌肉不主动发力的情况下，做振幅为10cm左右的2～3次连续的起伏振动动作（上体的形态保持不变），然后借肌肉弹性发力蹬伸；②台阶弹性跳下法：采用从台阶上连续向下跳的方法，利用运动员身体重量在向下跳的过程中的重力作用，刺激肌肉中的弹性成分，在跳下着地过程中应以前脚掌着地，膝关节角度为140°～150°，膝关节角度尽量保持不变，以便保证肌腱等弹性成分所受的刺激强度；③弹性负重深蹲跳，负重方式与练习①类似，采用轻负荷（杠铃重 20～40 kg），深蹲提踵，利用杠铃的重量做振幅为 10cm 左右的连续向前蹲姿跳跃运动；④各种跳跃练习。

（3）快速力量的训练。①快速负重深蹲计时，每组练习 4～6 次，负荷为最大负荷的 30%～60%；②快速负重半蹲计时，每组练习 4～6 次，负荷为最大负荷的 60%～80%；③抓举练习；④负重快速踏上跳箱蹬伸练习；⑤前抛或后抛铅球。

（4）灵敏性、协调性和柔韧素质的训练。灵敏性、协调性素质训练方法很多，如各种球类运动、简单的练习体操、准备活动中的游戏等。发展柔韧素质一般在准备活动中或训练结束后进行，各种拉长练习、摆振练习、背桥练习等。

（5）耐力素质的训练。跳高比赛时间长，需要运动员具备长时间保持高强度运动的能力。因此，跳高运动员应有良好的耐力素质。常用的练习方法如下：①长时间、小强度各种形式跑的练习；②各种组合式循环练习；③长时间的球类活动；④长时间、小强度的各种跳跃练习。

（6）心理素质的训练。跳高运动是运动员不断挑战自身极限的一项运动，而跳高比赛又非常紧张激烈，运动员不仅要和自己比，还要同其他运动员竞争，因此，必须拥有良好的心理素质。心理训练应贯穿于平时训练过程中。教练员要善于运用启发和诱导的方法，培养运动员刻苦、自觉训练的精神，在训练中以身作则，严格要求，培养运动员专心致志、集中精力、勇于克服困难的能力。也可以运用模拟训练、增加训练难度、改变练习环境等方法，提高运动员的自我控制能力和抗干扰能力。

第二节　跳远的教学与训练

一、跳远的技术教学设计

（一）教学目标

1. 认知目标

了解跳远的起源与发展，清楚跳远运动技术的演变过程及不同跳远姿势的技术特点，建立正确的蹲踞式跳远和挺身式跳远的概念。

2. 技能目标

掌握跳远（特别是挺身式跳远）的基础技术和发展跳跃能力的基本方法，学会不同阶段跳远技术的正确教学方法与手段，发展学生水平跳跃能力，提高学生跳远成绩。

3. 情感目标

学会如何审视跳远运动的美感，激发学生对跳远运动的热爱，启发学生对跳远技术的学习欲望，激发学生的学习动机，培养学生勇于挑战自我和勇敢顽强的意志品质。

（二）学习者分析

1. 身体素质基础

体育专业学生的身体素质足够承受强度较大的水平跳跃项目的练习刺激，因为其有着坚实的基础，经历了科学、合理的训练，掌握着完备的科学跳远理论知识。

2. 情感基础

现代跳远运动本身是一项极为舒展优美的运动，特别是挺身式的空中动作的舒展，是学生特别是体育专业的学生向往的运动之一。因此，学生会因为跳远运动的优美特性而产生非常强烈的学习原动力。与此同时，教师也应当善于把握学生对挺身式跳远的向往心理，将学生学习的原动力转化为持久的学习动机，以便更好地开展跳远运动的教学工作。

（三）教学内容分析

1. 跳远的技术特点

（1）蹲踞式跳远技术特点。蹲踞式是跳远项目中动作最简单的水平跳跃项目，也是最能展现人的基本技能的运动项目。只要能够发挥一定的助跑速度，较正确地踏上起跳点就能够完成跳跃任务，具有简单、易学的特点，在中小学的田径教材中出现得比较普遍，体育专业本科学生对此已具备了一定的基础。因此，蹲踞式跳远的教学一般以介绍性为主。

（2）挺身式跳远技术特点。挺身式跳远是集技术、速度、力量于一体的运动项目，技术虽然先进，但不易掌握，主要原因是挺身式跳远腾起角度小，腾空高度低，导致没有时间完成动作。挺身式的腾空步时间较蹲踞式稍短。腾空步后，展髋放下摆动腿，摆动腿的膝关节伸展带动小腿向下向后弧形摆动，并向留在体后的起跳腿靠拢。同时两臂由腾空步时一前一后的位置开始放松下垂，放在体侧后下方，形成挺胸展髋。然后摆动腿继续摆，两臂由下向上后伸展，同时挺胸抬头，整个髋部前送使躯干呈反弓形。接着收腹举腿，两臂由后上方向前、向下、向后摆动，然后小腿积极前伸，上体前倾，准备落地。

由于空中的伸展动作可以使体前肌肉拉长，有利于收腹抬腿和伸腿落地动作。但是，如果反弓动作过大或挺身动作过早，不仅使学生空中动作紧张，而且会造成腾空高度不够，影响跳远远度。

2. 决定身体重心腾起角度的主要因素

（1）起跳是在助跑中完成的，起跳后身体重心的方向即身体重心腾起角度是由运动员起跳时的技术动作决定的，主要是由起跳脚着地时的起跳角度以及摆动腿和两臂的摆动方向决定的。

（2）决定身体重心腾起初速度的主要因素。身体重心的腾起初速度是决定跳远成绩的最主要的因素，它主要由助跑速度、踏跳力量、起跳时的动作速率等决定的。

3. 跳远教学的重点与难点

教学重点：助跑与起跳结合。

教学难点：各阶段技术。

实际各技术环节也有其自身的教学重点和难点。例如，助跑的教学重点是助跑的加速方法，难点是助跑的准确性；起跳的教学重点是起跳腿的蹬伸技术，难点是起跳腿的着地缓冲技术；蹲踞式跳远腾空技术的教学重点是掌握腾空步技术，难点是并腿团身前伸腿准备落地技术；挺身式腾空技术的教学重点是两腿前伸的技术，难点是缓冲引体移过落点技术。

（四）教学策略

跳远技术教学的顺序有以下三种。

第一种：按照跳远技术结构的先后次序，依次进行教学。

第二种：从跳远技术结构的中心环节"起跳准备阶段"开始教学，然后逐步转向助跑和起跳、腾空和落地的教学。

第三种：先进行完整的跳远技术教学，然后针对学生的具体情况，按照教师设计来确定具体的、行之有效的教学顺序。

1. 准备活动

跳远是田径运动项目中对身体条件以及素质要求较高、节奏性较强的项目之一，为了充分利用课堂教学时间，促进学生尽快掌握跳远技术，准备活动中除了采用常规活动内容外，建议多采用专项性练习内容进行准备活动。

教师利用教材、网络资源通过讲解示范的方法组织学生进行身体各部位的活动练习，专项准备活动主要结合专项技术要求进行设计，主要以腾空步的专门性练习为主，促进学生技术的掌握。

2. 技术教学的方法和手段

（1）了解跳远的一般知识，建立正确的跳远技术概念。教学手段：①讲述跳远的发展过程和锻炼价值；②通过挂图讲解跳远的基本技术和技术特点；③结合优秀运动员的技术录像进行技术分析。

教学提示：通过教师讲解跳远的一般知识，引出学生学习跳远技术的积极性和主动性。

（2）初步掌握跳远起跳技术。教学手段：①通过挂图讲解或示范起跳技术；②体会起跳脚踏板技术的动作过程；③体会起跳时上下肢动作的协调配合；④走3～4步做起跳模仿练习；⑤上2步模仿起跳练习；⑥行进间一步一起跳模仿练习；⑦助跑3步做1次起跳练习；⑧助跑5步做1次起跳练习；⑨助跑7步做起跳越过栏架练习。

教学提示：①起跳是跳远教学的重点之一，要掌握正确的起跳技术；②起跳时动作的幅度与用力要协调一致；③起跳时要强调摆动腿和摆臂的摆动意识。

（3）学习助跑与起跳相结合技术。教学手段：①讲解助跑技术。讲解助跑的技术特点及要求，介绍起动方式，助跑的步数和距离，加速的方式。②学习全程助跑技术。在跑道上按预定的步数进行不起跳的全程助跑练习，在跑道上按全程助跑的每一步步长画好的标记点进行有意识起跳的全程助跑练习。③学习助跑与起跳结合技术。短程（6～8步）助跑与起跳结合的练习，中撑（10～12步）助跑与起跳结合的练习，全程助跑与起跳结合的练习。

教学提示：助跑与起跳是跳远技术的关键，要积极引导学生掌握正确的起跳技术，起动的方式和加速的方式应相对稳定，强调最后四步的节奏和快速上板的意识。

（4）学习蹲踞式跳远技术。教学手段：①原地模仿蹲踞式的动作。②助跑4～6步，起跳后做腾空步练习。③助跑4～6步，起跳成腾空步后，将起跳腿向前提举与摆动腿靠拢（形成空中蹲踞动作），然后两腿伸下落于沙坑。④短距离助跑，做完整的蹲踞式跳远练习。练习时，起跳要有一定高度，要抓住腾空步动作和收起跳腿时机这些关键技术进行练习。腾空步要做得充分，将该姿势延续片刻时间，不要急于做向前收起跳腿的动作。⑤改进和完善空中技术。第一，原地向上跳起，在空中收腹腿屈膝做蹲踞式姿势。第二，助跑4~8步，在起跳区做蹲踞式跳远，起跳区宽30~35 cm。练习时，应注意助跑与起跳的结合，助跑不要"跨大步""错小步"或减速。练习前应初步教会学生用反方向助跑丈量步点的方法，培养学生在规定区域内起跳的能力。第三，助跑6~10步，在缩小的起跳区或起跳板做蹲踞式跳远。通过练习，要使学生初步掌握蹲踞式跳远技术。为了帮助学生掌握此技术，在进行这一练习时，可采用"先高后远"的条件限制方法。所谓"先高后远"是指在起跳区（起跳板）前所跳远度的1/3处放置一根高约30 cm的横杆或松紧带，在沙坑里所跳的2/3处的沙面上放一明显的标志物（如白布带），练习者经助跑起跳后，先做腾空步跨过横杆再做蹲踞动作，接着两腿前伸越过沙面上的标志物，然后下落于沙坑。⑥全程助跑蹲踞式跳远。

教学提示：教学开始阶段要强调上体不要前倾，头要保持正直，以防止身体产生前旋失去平衡；蹲踞式跳远技术比较简单，教学中主要以介绍为主。

（5）学习和初步掌握挺身式跳远。教学手段：①结合示范或通过挂图讲解挺身式跳远技术，使学生建立正确的挺身式跳远技术概念，了解挺身式跳远技术的要求、方法和要领。②学习掌握挺身式跳远下放摆动腿和两臂的配合。原地模仿下放摆动腿和两臂的配合练习；原地向高跳起，在空中做挺身送髋和摆动腿下放成伸展动作，然后举腿前伸落于沙坑；走动中做摆动腿下放成挺身动作；三步助跑起跳做下放摆动腿成直体动作，两臂配合做上摆或绕环摆的动作落地；在自然跑进中起跳做下放摆动腿成挺身动作，双腿落地；利用踏跳板或低跳箱盖起跳完成挺身动作。③学习掌握完整的挺身式跳远。助跑4~6步，采用踏跳板起跳做挺身式跳远，这个练习可以增加腾空的高度和时间，便于在空中做挺身动作；助跑4~6步，在起跳区起跳做挺身式跳远；助跑6~8步，在缩小的起跳区或跳板起跳做挺身式跳远；中程距离（10~12步）助跑挺身式跳远；全程助跑挺身式跳远。

教学提示：腾起后摆动腿的积极下压要有伸膝动作；展髋挺身动作要充分，两臂要协调配合。

3. 易犯错误、产生原因及纠正方法

（1）助跑步点不准。产生原因：助跑起动方法不固定，助跑加速节奏和步长不稳定，气候、场地、身体状况和心理因素的影响。纠正方法：固定助跑的起动方式，正确使用助跑标志；反复跑步点，固定助跑的动作幅度和节奏；在各种环境下练习，培养适应能力，提高助跑的稳定性。

（2）助跑最后几步减速。产生原因：助跑步点不准，最后几步拉大步或倒小步；起跳前上体后仰，臀部后"坐"，后蹬不充分；害怕犯规和害怕跑快了跳不起来。纠正方法：助跑要果断，建立用速度去争取远度的意识，消除害怕心理；保持跑的直线性和动作结构，加快上板前几步的步频；踏上第二标志后积极进攻性的加速。

（3）起跳制动过大。产生原因：最后一步起跳腿上板不积极，身体重心落后，过分前伸小腿致最后一步过大；盲目追求腾空高度。纠正方法：注意加快起跳腿上板时的速度，在快速跑进中自然地完成起跳；提高助跑身体重心，用"扒"地式踏板起跳；在斜坡跑道上做下坡跑起跳。

（4）起跳后身体前倾、失去平衡。产生原因：起跳时身体不端正，急于做落地动作。纠正方法：反复进行起跳腾空步的练习，加大空中动作幅度以加长旋转半径，注意起跳时头和上体的姿势。

（5）挺身式跳远中以挺腹代替挺胸展髋。产生原因：起跳不充分，起跳后摆动腿膝关节紧张，摆动腿下放过晚，未向身体垂直面之后摆动；头和上体后仰。纠正方法：起跳要充分，上体肩要顶住保持正直；腾空后，摆动腿膝关节放松积极圆滑地下放和后摆。

（6）走步式跳远中换步动作幅度小。产生原因：换步时两大腿摆动不够，只倒小步；上下肢配合不协调。纠正方法：强调以髋发力，大腿带小腿运动；重点放在下肢的换步动作上，在此基础上强调上肢动作。

（7）跳远落地小腿前伸不够。产生原因：上体过分前倾，腰腹力量和下肢柔韧素质差。纠正方法：做立定跳远，要求落地前大腿抬起，小腿尽量前伸，落地后积极做屈膝缓冲；加强腰腹力量和下肢柔韧素质的练习。

二、跳远的训练

（一）跳远的技术训练

跳远的技术训练要围绕如何发挥和利用速度来改进和完善跳远技术。学生的跳远技术训练，还应注意培养正确的跳跃心理定向。

1. 助跑技术训练

跳远助跑技术训练的目的是提高助跑速度，稳定助跑节奏，培养和提高调整步长和步频的能力，加强起跳时的攻板意识以及形成正确的助跑心理定向。

（1）助跑技术训练的主要方法。①在不同质量的跑道上，进行长于全程距离的助跑（多跑2~4步），利用助跑标志，稳定最后6~8步的步长；②固定起动方式，使助跑开始段的步长和加速过程定型，保证最初几步助跑步长的稳定；③进行变换节奏的加速跑和跑的练习，以培养对跑速和动作的控制能力；④8~10步助跑后，按步长标志进行加大步长和缩短步长的助跑练习，培养调整步长和步频的能力。

（2）注意事项。①助跑技术训练要在精力充沛的情况下进行；②选择助跑距离，必须与运动员的速度能力相符合；③无论何种助跑节奏，起跳前都应达到本人的最高助跑速度；④要教会运动员掌握在高速助跑中的放松技术，这是有效完成起跳的重要条件；⑤要重视和培养运动员助跑时的本体感觉和起跳前助跑的时空感觉，这是提高助跑速度和准确性的决定因素之一。另外，还要注意总结在不同情况下（体力、气候、场地等）调整助跑距离的方法和经验。

2. 起跳技术训练

起跳技术训练的目的是培养运动员高速助跑中快速起跳的技能，寻找并完善适合个人特点的起跳技术，强化形成起跳技术的神经——肌肉通道，利用助跑速度和起跳技巧，创造尽可能大的腾起初速度和适宜的腾起角度。

（1）起跳技术训练的主要方法。①快跑中的起跳脚放置或摆动腿摆腿练习；②快跑中起跳脚的放置与摆动腿摆动相结合的练习；③连续3~5步助跑起跳成腾空步练习；④短、中程距离助跑起跳成腾空步的练习；⑤全程助跑起跳练习；⑥采用俯角跳板短程助跑起跳练习；⑦在下坡跑道上的短程助跑起跳练习；⑧下坡跑道助跑10~12步转入水平跑道起跳的练习；⑨短程距离助跑起跳后，用手、头、胸部或摆动腿触及悬挂在空中的物体，最好落在沙坑内。

（2）注意事项。①在进行起跳技术练习时，要强调助跑和起跳速度；②起跳技术训练必须与快速助跑相结合，基本掌握短、中程距离助跑起跳技术后，要及时转入全程助跑起跳的技术训练；③训练中要注意培养运动员的攻板意识，力求做到起跳前助跑节奏快、上板快和起跳快。

3. 腾空与落地技术训练

腾空与落地技术训练的目的是维持腾空后的平衡，最大限度地利用起跳所形成的抛物线轨迹,争取尽可能大的跳跃远度,避免受伤(见图4-2)。

图 4-2　跳远

(1)掌握、提高腾空落地技术的主要练习方法。①利用吊环、单杠等辅助器械,模仿和改进落地动作;②短、中程距离的完整跳远练习中,改进空中和落地动作。

(2)注意事项。①改进空中落地动作,以完整跳跃的方法为主,模仿、分解练习为辅;②注意体会和把握落地伸腿过程中上体前倾的最佳时机。

4.跳远技术与跳远心理定向

由于跳远踏板的准确性关系到比赛的成败,所以导致了比赛复杂的心理活动。这常常是约束和影响跳远运动员在比赛中发挥应有水平的一个主要原因,也是运动员进一步提高成绩的无形障碍。

跳远心理定向对掌握正确的跳远技术有很大的促进作用。例如,在进行助跑和起跳相结合的技术训练时,只单方面进行技术训练,效果往往较差。但是,如果与心理训练结合起来,就能取得好的效果。运动实践表明:用跑过起跳板的心理定向去完成起跳,最后几步助跑速度发挥好,没有明显的起跳准备动作;用强有力的起跳和向高跳的心理定向去完成起跳,则起跳前有明显的准备起跳动作,助跑速度下降,起跳的制动性增大。所以,运动员的跳跃心理定向不同,即使采用相同的训练手段和方法,也会产生不同的效果。

(二)跳远的素质训练

跳远的素质训练主要包括速度训练、力量训练以及协调性与柔韧素质训练。

1. 速度训练

跳远的速度训练要以提高绝对速度为主，并同跳远助跑技术相结合。

（1）跳远速度训练的特点。①由于起跳板的限制，不但要求运动员跑得快，而且要跑得准；②跳远比赛中，跳远运动员要进行6次跳跃，这就要求运动员具备在较短时间内反复发挥最高跑速的能力；③在高速助跑的同时，运动员要快速正确地完成起跳，所以需要具备在高速跑进中的放松能力，为瞬间快速有力地起跳作好准备；④能用稳定的加速节奏在30～40 m内放松地达到最高助跑速度。

（2）跳远运动员发展速度的主要方法。动作放松正确，避免因跑段过长，在跑中出现紧张和过分用力，导致动作变形。

行进间跑：①在跑道上或下坡跑道上进行计时跑；②在下坡跑道跑20 m，待转入水平跑道后，进行20 m计时跑；③在下坡跑时，要强调放松和在保持步长的前提下，加快步频，最后几步跑的技术要求做到"高重心""高频率""高速度"；④跑时体会本体感觉和速度节奏感，并与起跳前准备起跳阶段的感觉进行对比；⑤确定跑的次数，直到跑的成绩明显下降为止。

变速节奏跑：例如20 m快+20 m慢+20 m快+20 m慢。快跑时要放松自然，加快步频，着重体会轻快的感觉，尤其要注意由快到慢的衔接，体会惯性跑、加快频率、放松，使运动员更好地适应赛场需要。

踏标记跑20～30 m：①将快跑途中跑的步长增加5 cm，在12～14步正常的助跑后，用增大的步长跑8～10步，体会高速跑动中，步长与步频的统一；②将快跑途中跑的步长缩小5 cm，在12～14步正常助跑后，用缩短了的步长跑8～10步，体会高重心、高步频和高速度的放松快跑方法。

控制间歇时间的全程助跑练习：①体会快速助跑的速度感和节奏感，要求在上板前达到最高速度；②每组以8～10次为宜，要求跑得快和跑得准。

斜坡跑道30 m计时加速跑：上坡跑和下坡跑不宜在同一次训练课中进行。

全程助跑增加2～4步的计时跑：可在跑道上进行，也可在助跑道上进行。注意最后4～6步跑的技术和本体感觉。

跨低栏跑：栏间可跑3步或5步，栏间距可随意缩短与加长。

负轻负荷加速跑：负重的方式可采用加重背心或加重腿套，注意负荷不宜过重，否则会影响跑的动作的正确性，负重加速跑与徒手加速跑可结合进行。

2. 力量训练

跳远起跳时，要求腿部有强大的爆发力。跳远运动员的力量训练以发展速度力量为主。

（1）采用杠铃发展速度力量的主要方法如下所述。

负重提踵：①身体保持正直，两腿自然站立，"内八字"站立与"外八字"站立交叉进行；②由平地提踵逐步过渡到站在5～8 cm高的台阶上提踵。

负杠铃弓箭步走：上体正直，注意体会单腿支撑与蹬伸动作。采用轻或中等重量，不宜采用大重量，注意保护，防止失去平衡。

肩负杠铃克制性半蹲跳：采用轻或中等重量，上体保持正直，切忌前倾。注意蹬伸的力量与速度，注意半蹲跳的连贯性。

肩负杠铃退让性半蹲跳：采用中等重量，控制缓冲的速度和幅度。要求着地缓冲阶段膝关节迅速固定在某一角度，强调间断地、不连续地完成半蹲跳。

肩负杠铃深蹲起：①采用较大重量的负荷进行练习，一次训练课至少要完成3组，每组2～4次；②注意力集中，爆发式地完成练习，强调蹲起的速度，蹲起时注意抬头挺胸，切忌先抬臀部；③每次练习同跑、跳和放松练习结合起来。

弓箭步连续快速抓举：采用轻或中等重量。首先要掌握弓箭步抓举的技术动作，然后逐渐提高动作速度，体会抓举的快速发力和动作节奏。

连续快速下蹲翻练习：首先要掌握下蹲翻的技术动作，然后逐渐加大负荷重量和动作速度。练习后进行跑、跳放松练习。

挺举练习：采用中等或较大重量负荷练习。上挺时注意力集中，以爆发式用力的方式完成练习。上挺动作结束后，应有控制地放下杠铃。

组合练习：要有针对性地选择练习手段，有目的地发展某一部位肌群。组合练习的设计要分清主次，以某个练习为主。组合练习中主要练习的动作结构，要尽可能接近跳远的专项动作。

（2）采用跳跃手段发展速度力量的主要方法如下所述。

摆动跨步跳、单足跳和力量性跨步跳、单足跳：从完成动作的效果来看，摆动性是指用加大摆动效果来增加跳跃速度；力量性是指用加大蹬地力量来增加跳跃远度。练习时应着重体会摆动动作的作用，体会上、下肢动作的协调配合。

快速的跨步跳和单脚跳，以及有较大幅度的跨步跳和单脚跳：要求快速跳跃时，可以通过计时的方式来衡量跳跃速度；而要求动作更大幅度时，可以增加每一步的动作幅度。

一般性的跳跃练习：包括蛙跳、直腿跳等不同类型。在完成这些练习时，需要留意跳跃所需的突然用力。注意连续执行跳跃动作之间的次数。

多种不同的深度跳跃练习：例如长跳、立定跳跃、跳跃爬台等。在练习中，落地方式可以分为单脚和双脚两种。根据练习者的水平调整高度，以达到合适的跳跃高度。要确保贴地时减缓速度，并且需要迅速起跳。擅长跳跃并具备承重能力的人可进行深度跳跃。

与专项动作相近的跳跃训练：包括采用各种助跑方式起跳的训练、练习跳高、三步跳远和跨越各种障碍物的练习等。需要理解如何通过助跑速度来提升跳跃效果。

负重跳跃练习：练习中应注意选择合理的负重重量与负重方式，负重重量和负重方式可能影响跳跃动作的正确性。应将徒手跳跃与负重跳跃结合进行。

3. 协调性与柔韧素质训练

协调性和柔韧素质训练的方法和手段主要有以下几种。

（1）各种静力性与动力性柔韧练习，如各种压腿、摆腿、踢腿、劈叉、跨栏等专门练习。

（2）武术基本功练习。

（3）各类有音乐伴奏的健美操、韵律操等。

（4）各种球类练习，如篮球、足球等。在安排协调性和柔韧素质训练时，要注意与发展动作幅度和动作速度的练习结合起来。

第三节 三级跳远的教学与训练

一、三级跳远的技术教学设计

（一）教学目标

1. 认知目标

了解三级跳远的起源与发展，清楚三级跳远运动技术的演变过程及不同类型三级跳远的技术特点，建立正确的三级跳远的概念。

2. 技能目标

掌握三级跳远的基础技术和发展跳跃能力的基本方法，学会不同阶段跳远技术的正确教学方法与手段，发展学生跳跃能力，提高学生三级跳远成绩。

3. 情感目标

学会如何审视三级跳远运动的美感，激发学生对三级跳远运动的热爱，启发学生对三级跳远技术的学习欲望，激发学生的学习动机，培养学生勇于挑战自我和勇敢顽强的意志品质。

（二）学习者分析

1. 技术基础

三级跳远是一项田径运动，它在快速助跑的基础上，通过单脚跳、跨步跳和跳跃的组合连续向前跳跃。这项技术的复杂度较高，并且需要运动员具备优秀的身体素质和身体条件，技能与素质的结合和表现尤为显著。中小学体育课只开展了跳远的教学，对于三级跳远来讲，绝大部分学生没有学习的经历，因此，三级跳远的教学应从最基本的技术开始进行完整的技术教学。

2. 身体素质基础

如果身体素质不够全面，就不可能正确掌握三级跳远的技术。只有通过全面培养各项身体素质，才能有效提高运动员的运动技术水平，并取得优异的运动成绩，这是成功的重要保证。另外，学生通过高考，已具备了较强的跳跃素质，通过一定时间的合理教学，能够掌握三级跳远的技术。

3. 情感基础

现代三级跳远运动是一项舒展优美的运动，特别是空中动作的舒展是学生特别是体育专业的学生非常向往的。因此，学生会有非常强烈的学习原动力。教师应善于把握学生对三级跳远学习的欲望，将学生学习的原动力转化为持久的学习动机。

（三）教学内容分析

1. 三级跳远的技术特点

（1）"平跳型"三级跳远技术特点。快速高重心上板，低腾空向前，身体腾空轨迹增长。运动员助跑速度快，并保持速度直到踏跳之前。在踏跳前两步，人体重心平稳，不过分降低身体重心，以较快的速度向第一跳过渡，其垂直分力相对较小，所以，水平速度损失小，第一跳的抛物线比较低，远度相应减小，为第二跳达到最好的重心抛物线高度创造了条件。主要特征：第一跳人体重心抛物线低，比第三跳的距离稍短，起跳角度小，落地时水平速度损失小，主要采用单臂摆动方式。三跳的比例，第一跳为34.5%，第二跳为30%，第三跳为35.5%。

（2）"高跳型"三级跳远技术特点。力量强，上板速度较快，重心偏低。采用双臂摆动，助跑最后两步适当减速，身体重心适当下降，用强有力的腿部力量完成起跳，起跳充分，垂直分力增大，但水平速度损失较大，影响第二、三跳的远度。主要特征：起跳角度大，第一跳比第三跳高而远。三跳的比例，第一跳为38%，第二跳为29%，第三跳为35%。

（3）"中间型"三级跳远技术特点。也称均衡型或现代平跳型，特点是在保持第一跳较长距离下，仍能使第三跳增长距离。具有平跳型的快速助跑和较低平的身体重心轨迹，保持第三跳的远度；又具有高跳型强有力的腿部力量，用以适当增大第一跳的远度。一般为具有强有力腿部力量和快速助跑能力的运动员采用。三跳的比例，第一跳为36%，第二跳为30%，第三跳为34%。

2. 决定身体重心腾起角度的主要因素

（1）起跳是在助跑中完成的，起跳后身体重心的飞行方向即身体重心腾起角度是由运动员起跳时的技术动作决定的，主要是起跳脚着地时的起跳角度以及摆动腿和两臂的摆动方向。

（2）决定身体重心腾起初速度的主要因素。身体重心的腾起初速度是决定跳远成绩最主要的因素，它主要由助跑速度、踏跳力量、起跳时的动作速率决定。

（3）决定三级跳远成绩的技术因素分析。三级跳远运动员要想取得最佳成绩，必须掌握好适合自己的三跳比例，利用合理的技术将自身的体能充分发挥。

3. 三级跳远教学的重点与难点

教学的重点：助跑接第一跳的衔接技术。三级跳远是人体通过快速助跑和有力起跳，尽可能跳跃远的远度项目。没有快速的助跑和有力的起跳，就不可能达到预想的远度。另外，如果第一跳完成不好，就无法进行其后的两跳技术。所以，助跑接第一跳的衔接技术，第一跳起跳腿的交换技术，第一跳、第二跳的落地动作，适合个人特点的三跳比例是教学的重点。

教学的难点：三级跳远技术教学难点是三跳过程中水平速度的保持率及各跳产生的垂直速度。三级跳远技术不同于跳远技术，跳远是借助助跑所获得的水平速度，通过一次起跳动作获得最佳的跳跃远度，而三级跳远是需要做三次跳跃动作，由于助跑中获得的水平速度在三次跳跃中不断降低，所以力求减少水平速度的损失，而又能获得合理的垂直速度，是三级跳远技术教学要解决的问题。

（四）教学策略

跳远技术教学按照三级跳远技术结构的先后次序，依次进行教学。

1. 准备活动

三级跳远是田径运动项目中对身体条件以及素质要求较高、节奏性较强的项目之一，为了充分利用课堂教学时间，促进学生尽快掌握三级跳远技术，准备活动中教师除了采用常规活动内容外，建议多采用专项性练习内容进行准备活动。

教师利用教材、网络资源通过讲解示范的方法组织学生进行身体各部位的活动练习。专项准备活动主要结合专项技术要求进行设计，主要以"交换腿""跨步跳"的专门性练习为主，促进学生技术的掌握。

2. 技术教学的方法和手段

（1）建立正确的三级跳远技术概念。教学手段：①通过图片或录像帮助学生建立正确的概念；②通过完整技术示范让学生了解三级跳远动作过程。

教学提示：①讲解时要简明扼要，语言生动，抓住重点；②技术动作示范尽可能规范，完整示范与单个动作分解示范相结合，注意示范位置和方向。

（2）学习单脚落地、跨步跳、单足跳及单跨结合技术，教学手段：①原地模仿单脚积极落地技术练习；②走动中做单脚积极落地技术练习；③单足跳深做单脚积极落地技术练习；④小幅度连续跨步跳练习；⑤立定多级跨步跳练习；⑥短程助跑的连续跨步跳练习；⑦小幅度到大幅度的单足连续跳；⑧连续跳上跳下器械的练习；⑨短程助跑单足跳上高台的练习；⑩由小幅度到大幅度的单足跳接跨步跳练习；⑪单足跳接跨步跳、一垫步—单足跳接跨步跳的练习。

教学提示：①必须用全脚掌落地或用脚后跟先着地，迅速滚动到全脚掌着地；②摆动腿积极快摆至与地面平行，产生一个突停形成跨步；③两腿交换要协调，幅度要大，要注意两腿交换的时机；④单足跳接跨步跳的动作自然连贯，落地积极，起跳有力。

（3）学习立定或上步三级跳远。教学手段：①立定小幅度的三级跳远技术练习；②画标志的立定三级跳远技术练习；③上1~3步的三级跳远技术练习。

教学提示：①摆腿、摆臂协调配合起跳；②三跳的节奏应均匀；③上步时要放松，三跳的动作要连贯。

（4）学习三级跳远的助跑技术。教学手段：①4~6步的助跑练习；②8~10步的助跑练习；③全程助跑的练习。

教学提示：①逐渐加速，最后两步积极上板；②助跑距离选择适当，踏板要准确；③注意反复练习短程、中程和全程助跑，以达到助跑技术的准确。

（5）学习完整三级跳远技术。教学手段：①短程助跑小幅度的三级跳远练习；②短程助跑三级跳远过障碍物的练习；③中程助跑的三级跳远练习；④全程助跑的三级跳远练习。

教学提示：①助跑节奏要求稳定，后两步积极上板；②第一跳要低且向前，两腿交换应在腾空的最高点开始；③第三跳起跳要重视提肩拔腰，尽力蹬伸，做好空中动作；④三跳的比例要适应个人的身体素质和技术特点；⑤三跳之间衔接要自然、连贯、平稳，同时直线性好。

3. 易犯错误、产生原因及纠正方法

（1）起跳蹬伸不充分。产生原因：腿部力量较差，摆动腿和两臂的摆动不协调，起跳前身体重心没有及时前移。纠正方法：加强腿部力量的训练，加强摆动腿、摆臂的协调摆动力量的练习，多做单足或跨步跳上高台的练习。

（2）第一跳两腿交换过早，上体前倾，交换腿时屈髋。产生原因：起跳腿没有充分蹬伸；上体前倾过大；急于向前抬腿交换，造成屈髋。纠正方法：要求起跳腿充分蹬伸后再做交换腿的动作；上体不要过于前倾，强调两臂的摆动力量和摆动的方向。

（3）落地不够积极，制动比较大。产生原因：技术概念不够清晰；屈膝高抬不够，小腿前伸时快速前摆及迅速回扒的动作不够积极；膝关节过于紧张。纠正方法：讲清积极落地的技术概念；加强膝关节灵活性的训练，单足跳、跨步跳时要做好屈膝高抬动作；多做小腿快速前摆和回扒动作的练习。

（4）空中失去平衡。产生原因：摆动腿的摆动不高，上体前压产生前旋；两臂摆动力量不均匀，摆动腿和摆臂用力不一致；摆动腿和摆臂的方向不一致。纠正方法：多做连续小幅度的练习，认真体会摆动腿和摆臂的协调配合；在连续小幅度的跨步跳中体会大幅度的摆动方向和用力配合的一致性。

（5）第二跳步幅过小。产生原因：第一跳过大、过高产生制动大，落地腿的支撑力量弱，第一跳落地时上体过于前倾。纠正方法：加强支撑腿的力量训练；适当缩小第一跳的距离或适当降低第一跳身体重心的高度，增大第一跳的远度；采用画标志线控制三跳的比例。

（6）助跑最后两步减速。产生原因：步点不准确，后几步拉大或倒小步；提前做好准备起跳，双臂的摆动幅度过大；踏板的意识不强。纠正方法：采用标志助跑接起跳，加强踏板意识训练。

二、三级跳远的技术训练

（一）三级跳远技术训练内容与主要手段

（1）以提高助跑速度和速度利用率为目的的各种跑跳练习。

（2）全程助跑接起跳练习，强调体会大幅度、有弹性、动作放松的助跑技术，并体会最后几步节奏。

（3）短中程助跑接起跳练习，主要抓助跑和起跳的连贯衔接技术。

（4）一定距离的快速助跑接起跳的助跑计时练习，可变换距离（如短程、中程、全程）助跑计时，用于检测运动员的训练强度和一定距离内的速度变化情况。

（5）在助跑道上放置后6步标记，进行全程助跑练习。

（6）在助跑道上放置后6步标记，进行全程助跑接第一跳练习。

（7）下坡助跑起跳练习，加快最后几步的助跑和起跳速度。

（二）三级跳远技术训练提示

树立以速度为核心的训练思想，努力提高速度利用率，力求做到"助跑快""上板快"和"起跳快"，强调助跑（特别是最后四步助跑）与上板起跳的连接，使助跑技术与起跳技术紧密结合起来；通过各种不同段落的加速跑、反复跑训练来改进和完善助跑的技术动作，并在三级跳远助跑道上巩固和提高助跑技术动作。全程助跑练习应贯穿于训练的全过程。

1. 第一、二跳技术练习（单足跳、跨步跳）

（1）短、中程助跑做第一跳技术练习（可在草地、松软泥土地上做，亦可以沙坑作为第一跳着地点）。

（2）短程助跑做连续单脚跳（5~7级）练习，力求以大幅度、放松的动作完成摆动腿的积极主动着地动作。

（3）短程助跑做第一跳、第二跳入坑练习。

（4）中程助跑做第一跳、第二跳入坑练习（也可在第二跳入坑时越过30~40cm左右高度的橡皮筋）。

（5）短程助跑单脚跳、跨步跳的各种组合练习：①2次单脚跳+2次跨步跳的连续动作练习；②1次单脚跳+2次跨步跳的连续动作练习；③1次单脚跳+1次跨步跳的连续动作练习；④1次单脚跳+2次跨步跳+2次单脚跳+2次跨步跳的连续动作练习。

教师应创造性地根据学生的实际情况进行练习的创编，采取组合练习手段。

（6）全程助跑单足跳＋跨步跳练习，标明训练标志，并强调第二次跳跃的节奏。提示训练：在技术训练中，第一跳技术是非常关键的一环，它扮演着前呼后拥的重要角色。建议将助跑和第二跳技术有机结合起来训练，这样可以更好地符合专业技术的要求，也避免动作不流畅的问题，从而使训练取得更佳的效果。完成第一次跳跃后，需要留意在腾空步的 1/3 距离后合适地、流畅地换腿。在第一次跳跃时，需要主动地着地，然后依次通过伸展髋部和膝盖，以全脚掌的方式强有力地"拍打"地面来推动跳跃。同时留意迅速摆动腿部的节奏性"往返"动作。在训练的不同阶段，应有计划地安排全程助跑接第一、二跳的练习。

2. 第三跳技术练习及完整技术练习

（1）摆动腿连续单脚跳练习（3～5级）。

（2）原地多级跨步跳接跳跃步入坑练习。

（3）短程助跑跨步跳＋跳跃步入坑（也可在跳跃步时跳过 30～40 cm 的橡皮筋）练习。

（4）短中程助跑完整三级跳远技术练习。

（5）全程助跑完整三级跳远技术练习。

需要留意的是，在保持剩余水平速度的前提下，第三跳的技巧应该尽可能以较大的起跳角度向上腾起。此外，在技术层面上，应该更加注重快速地完成"扒地"动作，以类似于鞭打的方式进行。

进行短中程和全程助跑技术练习时需注意三个跳跃动作的流畅协调技术。另外，标志物也可以用来练习三个跳跃的节奏，从而形成适合每个学生个体特点的三个跳跃比例。

（三）训练中应注意的问题

（1）树立以速度为核心的训练指导思想，将助跑速度、跳跃速度的训练贯穿于训练全过程。

（2）为提高训练效果，三级跳远技术训练应在体力充沛、精神集中的情况下进行。

（3）三级跳远技术训练的设计，应从运动员的身体素质实际情况出发。如果运动员的身体素质水平较低，不建议设定太高的技术难度要求，因为这可能会增加受伤的风险。相反，设置过于宽松的要求也无法促进技术水平的改善和提高。

（4）三级跳远运动员从初级阶段开始就要抓好以下环节。

其一，掌握全脚掌有力的"扒地"式着地技术。

其二，全面提高身体素质。

其三，掌握合理的三跳节奏。

（5）三级跳远运动员达到较高水平时，仍应保持全面身体训练，其比例占总训练量的30%左右。

（6）高度重视运动员背侧肌群力量的发展。

（7）在进行三级跳远专项训练时，应紧密结合技术训练，以避免技术环节之间的断裂。

（8）要不断提高三级跳远技术训练的难度，抓住技术重点，改进技术动作弱点，并确定个人特长。

（9）切实安排好三级跳远技术训练的安全措施，包括准备活动是否充分、场地是否平整、体力是否充沛等，特别是容易受伤的踝、脚跟脂肪垫、膝关节等部位更应引起重视，避免受伤。

（10）要提高三级跳远运动员的心理素质，把心理训练贯穿在技术训练之中，提高运动员在比赛中的心理调节能力。

第四节　撑竿跳高的教学与训练

一、撑竿跳高教学的设计

（一）教学目标

1. 认知目标

了解撑竿跳高的起源与发展，清楚撑竿跳高运动技术的演变过程及技术特点，建立正确的概念。

2. 技能目标

掌握撑竿跳高的基础技术和发展跳跃能力的基本方法，学会不同阶段跳远技术的正确教学方法与手段，发展学生水平跳跃能力，提高学生跳远成绩。

3. 情感目标

学会如何审视撑竿跳高运动的美感，激发学生对撑竿跳高运动的热爱，启发学生对撑竿跳高技术的学习欲望，激发学生的学习动机，培养学生勇于挑战自我和勇敢顽强的意志品质。

（二）学习者分析

1. 技术基础

中学体育课只开展了跨越式或俯卧式跳高的教学，对于撑竿跳高来讲，绝大部分学生没有学习的经历，因此，撑竿跳高的教学应从最基本的技术开始进行完整的技术教学。

2. 身体素质基础

跳跃技术与运动素质密切相关，并且技术是建立在运动素质基础之上的。良好的运动素质，对掌握跳跃技术、承受大运动量训练和激烈的比赛、不断提高运动成绩、防止受伤，以及延长运动寿命都有重要意义。特别是绝对速度、弹跳力和快速力量，是跳跃运动员的主要运动素质，是选材的重点指标。另外，学生通过高考，已具备了较强的跳跃素质，通过一定时间合理的教学，能够基本掌握撑竿跳高的技术。

3. 情感基础

现代撑竿跳高运动是一项舒展优美的运动，特别是空中动作的舒展是学生特别是体育专业的学生非常向往的。因此，学生会有强烈的学习原动力，教师应善于把握学生对撑竿跳高的向往，将学生学习的原动力转化为持久的学习动机。

（三）教学的重点与难点

1. 撑竿跳高教学的重点

撑竿跳高技术教学重点是插穴与起跳结合技术。撑竿跳高是使人体越过尽可能高的高度项目。持竿助跑获得的水平速度，是通过插穴起跳动作才能获得最大限度的动量。所以，插穴起跳结合技术的好坏不仅影响助跑速度的发挥和利用，而且在很大程度上影响整个跳跃的质量和效果。插竿起跳是撑竿跳高技术动作完成好坏的关键，在教学中应该把这些技术作为重点进行教学。

2. 撑竿跳高教学的难点

撑竿跳高教学的难点是助跑与举竿插穴技术。在教学中，助跑与举竿插穴是学生比较难掌握的技术。因为助跑是获得动量的主要阶段，助跑速度是决定撑竿跳高成绩的主要因素。助跑是完成撑竿跳高后继动作的基础和关键,其主要任务是在持竿助跑将要结束时,达到可以控制的最快速度,同时也尽量减少举竿插穴时助跑速度的损失。助跑速度是撑竿跳高运动的基础,是获得动能的主要阶段,也是取得优异成绩的必备前提。① 在高速跑进中不失时机地、协调准确地按顺序完成降竿、举竿、插竿等一系列动作是比较难的。举竿、插竿的时机早或晚都不行,在教学中,教师应抓住这一技术环节,进行反复的分解练习和快速完成举竿插穴起跳的练习,使学生能够较好地掌握这一技术。

(四)教学策略

撑竿跳高技术教学主要按照撑竿跳高技术结构的先后次序,依次进行教学。

1. 准备活动

撑竿跳高是田径运动项目中对身体条件以及素质要求较高、节奏性较强的项目之一,为了充分利用课堂教学时间,促进学生尽快掌握撑竿跳高技术,除了采用常规活动内容外,建议多采用专项性练习内容进行准备活动。

教师利用教材、网络资源通过讲解示范的方法组织学生进行身体各部位的活动练习,专项准备活动主要结合专项技术要求进行设计,主要以"插穴""摆体"的专门性练习为主。

2. 技术教学的方法和手段

(1) 建立正确的撑竿跳高技术概念。教学手段:①简明讲述撑竿跳高发展概况和技术特点;②观看教师的示范进一步了解撑竿跳高技术;③利用优秀运动员的挂图简明讲解撑竿跳高主要的技术环节。

(2) 学习持竿和持竿助跑技术。教学手段:①讲解持竿的方法,并做好示范,让学生明确持竿时竿子应放置的部位;②持竿由走到慢跑练习,注意持竿的肩和两臂与两腿迈步动作的配合;③持竿小步跑,高抬腿跑,后蹬跑等;④持竿加速跑。

教学提示:①开始练习时动作放慢,然后适当加快;②在跑进中要注意肩和腿摆动协调配合。

(3) 学习竿上悬垂。教学手段:①在单杠上或吊绳上做悬垂练习;②原地竿上做悬垂练习;③上一步竿上悬垂练习;④走动竿上悬垂练习;⑤高台上跳起悬垂练习。

---

① 黄亚飞:《田径运动的科学研究与人才培养》,北京,中国原子能出版社2021年版,第108页。

教学提示：①为了使学生很好地体会动作，可一人站在起跳点侧面，用左手扶住撑竿，右手扶住同伴的肩及后背，帮助在竿上悬垂；②在教学中注意动作的配合，特别是在竿上悬垂时不要引拉。

（4）学习举竿插穴起跳技术。教学手段：①原地做举竿插穴练习；②走动或慢跑做举竿插穴起跳练习；③助力下练习插竿起跳；④上一步起跳竿上悬垂摆体练习；⑤上两步起跳竿上悬垂摆体练习；⑥插竿起跳基本练习；⑦上两步插竿起跳练习；⑧短距离助跑插竿起跳练习。

教学提示：①在教学中向前迈起跳腿要积极，两臂控制好撑竿，特别是左臂屈肘控制住撑竿，以便于人体向前摆动；②在教学中应把重点放在两步助跑上，在迈摆动腿的同时举竿插穴，技术熟练后适当加大助跑距离；③教学中要求学生在倒数第二步时开始举竿插穴起跳，在倒数第二步处放标志物，提醒学生及时做举竿插穴起跳动作。

（5）学习悬垂摆体接后倒举腿技术。教学手段：①利用吊绳或单杠做摆体后倒举腿练习；②高台上起跳悬垂摆体后倒举腿练习；③短距离助跑举竿插穴起跳悬垂摆体后倒举腿练习。

教学提示：教学过程中为了使学生起跳摆体时能够加大惯性，教师站在学生左侧，用手拉下撑竿，使撑竿竖立的速度加快，便于学生做出收腹举腿的动作。

（6）学习拉引转体与过竿技术。教学手段：①持竿拉引的模仿练习；②利用吊绳做悬垂摆体后倒举腿及拉引转体练习；③高台举竿起跳摆体后倒举腿拉引转体练习；④过竿推手的技巧练习。

教学提示：教学中要注意学生在竿上的控制能力，要求学生整个身体靠近撑竿做动作，尽量保持身体的平衡。

（7）学习撑竿跳高完整技术。教学手段：①短程助跑插竿起跳过竿练习；②中程助跑插竿起跳过竿练习；③全程助跑插竿起跳过竿练习。

3. 易犯错误、产生原因及纠正方法

（1）持竿跑时身体过于紧张，竿子左右晃动，上下肢配合不协调。产生原因：两手握竿太紧，肩部紧张；不习惯持竿助跑，跑进中不够放松。纠正方法：按技术要求做持竿动作，手臂尽量放松；持竿和握竿的高度适当降低，减轻竿子对手臂的负担；开始练习时，先持竿做小步跑，以适应撑竿的重量；助跑过程中重点在于体会上下肢的配合。

（2）持竿助跑时上体后仰。产生原因：握竿点太高，造成竿子的前翻重量加大，要保持平衡身体只好后仰；两手握竿太窄，使两手负担过重，用上体后仰来维持身体平衡。纠正方法：适当降低握竿的高度；助跑时将竿头高举，使撑竿的重量靠近身体；持竿助跑时高抬腿跑，重心要高，稍含胸，并有意识地控制身体不要后仰。

（3）持竿助跑出现"坐"着跑。产生原因：腿部力量差，持竿跑后程后蹬效果不好，使重心下降形成"坐"着跑；握竿点太高，给身体的负担过重，在跑进中大腿抬不起来，形成"坐"着跑。纠正方法：加强腿部的力量练习；开始时助跑距离不要太长，逐渐加速；适当降低握竿的高度。

（4）插穴起跳后竿子竖不起来。产生原因：举竿插穴时机不一致，助跑倒数第二步右腿迈步时，右手没有做翻腕举竿；最后一步起跳腿前迈步起跳时，右手臂留在体后，无法做正确的举竿动作；起跳点过近，起跳时握竿点在身体后面，助跑和起跳的速度没能作用到竿子上；起跳后过早做摆体和拉引动作。纠正方法：多做原地举竿插穴起跳练习，使插穴起跳动作自然、协调；反复做短程助跑举竿插穴起跳练习，特别注意举竿插穴的时机；适当降低握竿点，能使竿子竖起来即可；起跳后做摆体后倒不要拉引身体；举竿插穴起跳要积极有力，两臂握竿积极送举。

（5）后倒举腿时，臀部下沉，两腿收举不起。产生原因：上体不敢后倒，腰腹肌力量不足；上体后倒时过早做拉引动作，造成两腿无法上举；后倒时没有及时做压肩压臂动作；起跳不充分，两腿过早向前甩出，不能做收腹举腿动作；悬垂摆体速度慢，向前上方摆体的力量不足，不能做收腹举腿动作。纠正方法：利用吊绳做悬垂摆体的练习，加强肩带和腰腹的力量练习。

（6）后倒举腿时身体向左旋转失去平衡。产生原因：后倒举腿时没有控制好竿，特别是左臂没有抵住撑竿，人体失去平衡；后倒举腿没有到位就过早做转髋动作，造成人体向左旋转。纠正方法：利用吊绳反复做后倒摆体举腿练习，体会压肩和两臂的用力动作；适当降低握竿高度，采用短程、中程助跑举竿插穴起跳，重点体会肩和两臂的用力动作，控制住撑竿，做后翻举腿练习。

（7）后倒时臀部和腿举不到位。产生原因：上体不敢充分后倒或过早做拉引动作，使重心升高，造成臀部和腿举不起来；技术动作不熟练，后倒举腿配合不好；腰背肌力量差，无法充分举腿。纠正方法：利用吊绳多做后倒摆体举腿练习；加强腰背力量的练习；反复做助跑插竿起跳后倒举腿练习。

（8）拉引转体失去平衡，没有利用撑竿的支撑作用。产生原因：两臂没有控制好撑竿，拉引时身体离开撑竿，失去支撑点的作用；拉引时没有顺着撑竿的纵轴用力，身体离开撑竿。纠正方法：利用吊绳做拉引动作，体会顺纵轴用力拉引动作；助跑2～3步起跳握住吊绳做拉引摆体转体动作，可以结合过竿练习；在高台上做拉引摆体转体过竿练习。

（9）过竿时身体背越过竿，不能做出转体动作。产生原因：拉引时没有及时转体，拉引转体技术衔接不好；握竿点太低，人体腾空时来不及转体；竿上控制能力差，做不出转体动作。纠正方法：在吊绳上反复做拉引转体动作，体会正确拉引转体动作；选择适当的握竿点，插穴起跳反复体会拉引转体的动作；加强上肢的力量练习，在单杠上做快速的拉引转体练习。

（10）过竿落地时落在横竿或穴斗处。产生原因：拉引转体过早，竿子没有向前移动；插穴起跳力量不足，竿子没能竖起来。纠正方法：起跳后不急于做拉引转体动作，让人体和撑竿向前移动一段距离再做拉引动作；注意助跑最后几步要保持速度，起跳要充分有力，加快撑竿的竖立速度；适当降低握竿高度，反复过低高度横竿，体会拉引转体的时机和技术。

二、撑竿跳高的训练

（一）撑竿跳高的技术训练

撑竿跳高运动员的技术训练，是在技术教学的基础上进行的。技术训练应采用完整技术练习与分解技术练习相结合的方法，并使分解技术逐渐转移到完整技术上（见图4-3）。

图4-3 撑竿跳高

1. 技术训练的基本手段

（1）持竿加速跑、全速跑 40～60 m。为提高助跑速度和控制撑竿的能力，可交替使用不同重量的撑竿。

（2）高握竿点的持竿加速跑 30～60 m。

（3）持重竿加速跑 30～60 m。在竿头上加一定重物进行练习。

（4）持竿上坡跑、下坡跑 30～60 m。持竿上坡跑练习，着重加大蹬摆动作，尤其是加大摆动腿前抬的高度。持竿下坡跑练习，最好能接平地跑 30 m，重点培养轻快节奏。

（5）举竿插穴练习。助跑 4～6 步举竿插穴，撑竿弯曲后借撑竿的反弹顺势后退，反复练习，体会举竿插穴、蹬摆配合、胸前挺及手臂控竿等动作。

（6）短程、中程持竿助跑插穴起跳悬垂练习。在练习过程中，可选择一些相应的辅助手段，例如：徒手 4～6 步助跑起跳做举竿动作；徒手 4～6 步助跑起跳抓吊绳、高举杠等。起跳时，摆动腿前摆带髋，胸前挺，摆动腿不下放。

（7）短程、中程持竿助跑插穴起跳、悬垂摆体及展体练习。练习过程中可采用下面的辅助手段：在单杠、吊环及吊绳上连续做摆体后翻举腿练习；4～6 步助跑起跳抓握吊绳、吊环、高单杠等，做悬垂摆体接后翻举腿练习。

（8）各种助跑距离的撑竿跳高。在练习过程中，可采用一些专门性辅助手段，例如，各种后翻举腿、拉引转体、腾越过竿的连续练习或不同组合的练习，4～6 步助跑起跳抓吊绳做过竿练习。

（9）参加各种测验和比赛。

2. 技术训练应注意的问题

（1）撑竿跳高的技术性强，技术与运动成绩之间的关系密切，运动员应在全面提高身体素质的基础上，用较多时间和精力进行撑竿跳高的技术训练。

（2）撑竿跳高技术较复杂，在技术训练中要采用分解练习与完整练习相结合的方法，在初级训练阶段更需要加强专门性辅助练习，以便运动员更好地理解、体会技术动作，更快地掌握好基本技术。

（3）撑竿跳高完整技术练习的强度大，消耗的能量较多，要求运动员体力充沛，注意力集中。在一次技术课中，运动员难以完成很多数量的完整过竿练习。因此，在技术训练时可以使用较软的撑竿，并采用中程助跑过竿与全程助跑过竿相结合的方法，保证练习的数量。

（4）在进行完整技术练习和专门性辅助练习时，要经常检查场地器材是否安全可靠，加强保护措施，保证训练安全。

（二）撑竿跳高的素质训练

1. 专项身体训练

（1）速度训练。提高撑竿跳高运动员的助跑起跳速度及竿上动作速度，是提高撑竿跳高成绩的基本条件，现代撑竿跳高训练非常重视短跑和持竿助跑速度的训练。

短距离平跑速度是持竿助跑速度的基础。不仅要采用各种短跑训练手段来努力提高运动员的平跑速度，而且要提高运动员的控竿能力和有关技术，从而将平跑速度充分运用到持竿跑和撑竿跳高中去，使持竿跑的速度接近平跑速度，撑竿跳高时的持竿助跑速度接近持竿跑速度。

持竿助跑不仅要求速度快，而且还要求节奏合理、稳定，步点准确，为插穴起跳创造有利条件。可采用跳远助跑的一些专门练习及不同栏间距的跨栏跑练习等，培养运动员的助跑节奏感，提高持竿助跑节奏的稳定性。

撑竿跳高运动员的专项速度，除与运动员的肌肉收缩速度有关外，还与技术动作的正确性和熟练程度有关。如插穴起跳不正确，不仅会影响专项速度的发挥，而且会影响专项速度的有效利用。因此，在训练中要把平跑练习与持竿跑练习相结合，速度训练和技术训练相结合，促进运动员专项速度的提高。

（2）力量训练。撑竿跳高运动员既要具备跳远运动员所需要的腿部、腰背部等肌肉力量，又要具备体操运动员的握力、臂力、肩带力量和腰腹肌力量等，这对提高运动员控制撑竿和自己身体的能力至关重要。吊环、吊绳、单杠等一些体操器械练习和专门练习，都是发展这些肌肉力量的有效手段。

运动员在撑竿上所做的拉引转体和推竿动作是一个整体，故在发展手臂和肩带肌肉力量时，应尽可能按动作顺序和方法多做完整练习，少做引体和推竿的分解练习。

运动员借助排竿支撑所做的一系列动作，都是在撑竿弯曲和反弹过程中进行的，只有当人体的动作与撑竿的运动协调一致时，才能取得最佳的效果，在发展专项力量时必须考虑这一特点，多采用弹性竿、橡皮吊绳等弹性装置进行训练。

撑竿跳高运动员应具备像跳远运动员那样在快速助跑中快速起跳的能力，这对提高握竿高度，加快撑竿和转体过竿非常重要。发展弹跳力所采用的手段和方法与跳远运动员基本相同。

（3）灵敏性和柔韧素质训练。撑竿跳高运动员应具备像体操运动员那样控制身体、空中定向和平衡的能力。撑竿跳高名将谢尔盖·布勃卡（Sergey Bubka）不仅早期就接受了体操能力的训练，而且在以后多年的系统训练中，始终将体操训练放在重要位置。发展专项所需要的灵敏素质和柔韧素质，要结合各种体操动作进行，如各种滚翻、手倒立推起、侧手翻、后空翻等，吊环、单杠练习中的悬垂摆体、收腹拉引、摆体后翻等，蹦床练习中的各种转体空翻动作等。练习时，单个动作应与成套动作相结合。

（4）耐力训练。撑竿跳高训练比赛中，运动员的每次试跳都要消耗较多的能量，比赛时间往往拖得很长，运动员要在最后跳出好成绩，必须具有良好的专项耐力。撑竿跳高运动员的专项耐力水平，是在发展一般耐力的基础上，通过有计划地延长训练时间、增加过竿量等方法，在长期的训练过程中逐步提高的。

另外，中外男子撑竿跳高运动员在平均身高和体重方面虽然基本相同，但最终的比赛成绩却相差很大，造成这一差距的原因很可能是技术和助跑速度两个方面存在差距。

2. 心理训练

撑竿跳高技术难度较大，运动员腾空高，比赛激烈且持续时间长，对运动员的心理素质要求较高。因此，心理训练是撑竿跳高训练的重要内容。对于初学者而言，首先要消除不必要的害怕心理，增强学习信心。教练员应加强安全措施，采用大量的专门性练习，循序渐进，及时肯定学生进步，使学生逐步适应撑竿跳高过程的时空变化，牢固掌握基本技术，提高学习的积极性和自信心。

优秀撑竿跳高运动员应具有勇敢顽强、沉着冷静的品质和敢于超越新高度的信心。常用的心理训练方法有以下 5 种。

（1）增加练习难度。在正常的教学训练中，可以有目的地采用增加练习量、增大练习密度和强度、变换练习手段、提高练习要求等方法增加练习的难度，提高运动员的耐力及战胜困难的勇气和信心。

（2）改变训练环境。有计划地变换练习场地，经常在气候条件较差及环境干扰较大等困难条件下进行训练和测验，提高运动员的自控能力和长时间集中注意力的能力。

（3）加强思想教育。以优秀运动员的训练、比赛为范例，有目的地讲述优秀运动员的成功之路，引导运动员逐步树立远大理想，培养其不怕困难、敢于拼搏的精神。

（4）参加各种比赛。通过参加不同水平和方式的比赛，与各种对手同场竞技，培养运动员的争胜心理和拼搏精神。

（5）自我暗示。在赛前和赛中，让运动员默念一些积极的暗示语，这样做可以在短时间内稳定运动员的情绪，集中注意力，增强信心。在日常训练中，可以让运动员较长时间注视较高的横竿，并积极暗示这个高度并不高，完全可以战胜，以增强自信心。

第五章

田径运动中投掷类项目教学与训练

本章介绍了田径运动中投掷类项目教学与训练,共包含以下四个方面的内容:推铅球的教学与训练、掷标枪的教学与训练、掷铁饼的教学与训练、掷链球的教学与训练。

第一节 推铅球的教学与训练

一、推铅球的教学设计

（一）教学目标

1. 认识目标

（1）了解推铅球运动的文化；

（2）了解推铅球的场地、器械、规则的变更；了解推铅球技术的发展；

（3）掌握推铅球的概念、技术组成、技术动作要领及影响运动场地的因素；理解推铅球的教学设计。

2. 技能目标

（1）能够合理地完成背向滑步推铅球技术组成部分的动作；能够精练地对技术动作进行讲解；

（2）能够分析技术中存在的问题，给予解决的手段；能够运用教学设计的内容组织铅球课教学。

3. 情感目标

（1）培养学生组织纪律性，注意安全，养成严格地遵守投掷常规的习惯；

（2）培养学生在练习中不怕脏、不怕累、克服困难的品质，形成良好的教学氛围；培养学生相互帮助、相互指导的互助精神，建立良好的人际关系；培养学生超越自我的良好品质，增强学生的自我效能感。

（二）学习者分析

1. 身体素质

体育教育专业的本科学生都是经过训练考入大学的，对于铅球并不陌生。对于推铅球的场地、规则、器械的规格等有一定的认识。大部分学生基本掌握了原地推铅球技术，并取得了一定的成绩，能简单地对原地推铅球技术进行描述。部分学生还会侧向滑步推铅球技术,这为进一步学习背向滑步推铅球技术奠定了基础。

2. 技术水平

力量铅球是需要高度的肌肉力量的运动,需要学习者具备足够的上肢、腰部和下肢肌肉力量以提供爆发力,同时也需要控制力来稳定姿势并保持平衡。其中,上肢的肌肉力量尤其重要,包括胸大肌、肱三头肌、肩部肌肉等。训练目标是在不过度疲劳的情况下逐渐增加肌肉大小和力量。另外,灵敏度方向的铅球的学习者还需要具备很好的身体协调性和灵活性,因为他们需要将铅球向前推出去,并立即跟随它转身。而且,铅球推开后必须稳定姿态,否则就会降低成绩。为了提高身体的协调性和灵活性,可以进行一些不同种类的体能训练以及柔韧素质训练。耐力方向的铅球学习者还需要有足够的耐力来支持比赛中的多次试投。每次试投都需要用最大的力量和精力,因此必须具备高水平的耐力和体能。为了提高耐力,可以进行长跑、游泳等体能训练。柔韧素质方向的铅球学习者的身体柔韧素质也是非常重要的。如果身体柔韧素质不好,就会导致伤害的发生,并降低成绩。因此,铅球学习者必须注重柔韧素质的锻炼。常见的柔韧素质训练包括拉伸、瑜伽、普拉提等,这些都可以增加关节灵活度,减少受伤风险,同时也有助于提高成绩。

3. 情感基础

对于推铅球的学习者来说,更希望通过这项运动体验推铅球的乐趣,充分培养自身吃苦耐劳的优良品质,能够培养良好的纪律性和顽强拼搏的精神。

(三)教学内容分析

1. 推铅球项目的特点与价值

铅球是田径运动的投掷项目之一,它对增强体质,特别是发展躯干和上下肢力量有显著的作用。最早期是采用原地推铅球的技术,在发展中诞生了不同技术方法,如侧向前、侧向滑步推等。

推铅球是田径教学大纲规定的重点项目之一,是体育教育专业教学的重点内容。背向滑步推铅球教材为持器械项目,教学过程中的安全要求较高,有利于培养学生的安全意识。

推铅球技术能够很好地发展学生的身体协调性、力量等素质,为其他项目的学习提供身体条件,并对其他理论知识的学习与应用有较好的促进作用。并且,铅球作为常见的运动之一，对发展练习者的躯干力量及上下肢的力量都有比较明显的效果。铅球还可以锻炼练习者身体的平衡力及耐力。另外，铅球的密度比篮球大，所以质量也比较大，比较适合肥胖患者锻炼，对有塑形需求的人群来说，也是十分适合的运动项目之一。

2. 教学中的重点与难点

教学重点：第一，教学之初让学生掌握正确推铅球技术的最后用力顺序是推铅球技术教学的重点；第二，随着教学深入，教学重点转变为沿投掷圈中线向投掷方向做出大幅度的滑步动作；第三，在进行完整技术教学过程中教学重点为滑步与最后用力的连贯衔接。

教学难点：背向滑步推铅球技术中滑步动作的摆蹬配合，最后用力前形成良好的身体扭紧以及超越器械是教学过程中的难点。

（四）教学策略

1. 准备活动

推铅球项目技术性较强，为了充分利用课堂教学时间，促进学生尽快掌握技术，教师在课堂的准备活动中除了采用常规的活动内容以外，建议多采用专项练习进行准备活动。如利用教材、网络资源创编相关内容。采用讲解示范等方法组织学生进行身体各部位的活动练习。

（1）上肢活动内容：按照推铅球最后用力时手臂、手腕和手指的技术要求进行内容设计，如压腕练习，推臂压腕练习等。

（2）躯干活动内容：以躯干侧屈、前屈、转动、挺胸等练习内容为主，符合背向滑步推铅球技术不同阶段的要求。

（3）下肢活动内容：以倒退走、倒退体前屈走、倒退兵步跳、摆动团身、转蹬、提踵等练习为主，与推铅球技术各阶段的下肢动作相吻合。

2. 技术教学

（1）建立正确的推铅球技术概念。教学手段：①通过讲解技术图片，教师完整推铅球技术动作示范，使学生建立完整的推铅球技术概念；②向学生简单介绍推铅球技术发展的历程，比赛场地，器材，规则及国内外优秀铅球运动员的基本情况。

教学提示：讲解简明扼要，突出重点，示范准确、清楚。

（2）学习握球和持球方法（以右手为例）。教学手段：①让学生观察握球的手形，球的位置，持球的部位和手形等让学生建立正确的动作表象（见图5-1）。②学生练习握球和持球动作，并相互观察提出存在的不足。

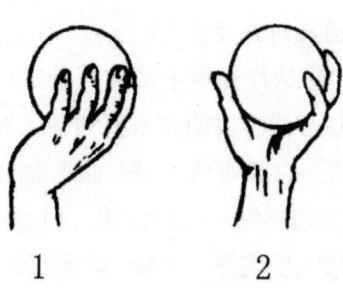

图 5-1　推铅球握球姿势

教学提示：根据手指、手腕力量的强弱，调整铅球在手中的位置，力量强的可以将球放在手指前端。为了方便完成推球技术动作，保持持球手臂自然、放松。

（3）学习推铅球技术的诱导性练习。教学手段：①宽站立半蹲跳起转髋练习；②团身迅速蹬起提踵站立练习；③连续向后小幅度地滑步练习；④左腿积极落地的滑步练习；⑤双人拉手团身起动的练习；⑥扶肋木团身起动和深蹲蹬起练习；⑦摆动腿后摆踢实心球标志物的练习。

（4）学习最后用力技术动作。教学手段：①教师通过讲解，动作示范等手段使学生建立推铅球技术和各部分技术表象；②向下推球练习，两脚左右开立，持球于右肩前下方，上体前倾，躯干向右扭转，借助扭转和伸臂的力将铅球向下推出；③双脚支撑单手向前推球练习；④原地侧向推铅球练习；⑤原地背向推铅球练习；⑥双脚宽站立原地推铅球练习。

教学提示：①球离开手的瞬间，肩、肘关节充分伸直，屈腕、手指拨球；②可设置一目标点，使铅球飞进方向与目标点一致；③在用力的过程中要注意左侧支撑的用力效果，左肩打开的时机要适宜。

（5）学习背向滑步推铅球技术。教学手段：①讲解示范完整技术；②团身技术的练习；③滑步摆、蹬配合的分解练习；④收拉右小腿的练习；⑤小幅度的滑步练习；⑥滑步推轻器械或标准器械的练习；⑦强调左右脚落地节奏的完整技术练习。

教学提示：①由预备姿势到团身的动作要连贯、柔和，左腿回收不超过右膝，铅球投影点在右脚尖前外侧；②注意掌握摆蹬适宜时机，左腿的摆动应指向抵趾板；③右腿应沿直线回收，上体不要主动抬起，注意滑步后两脚的位置和上体及头的位置。

3. 易犯错误、产生原因及纠正方法

（1）握球时一把抓并将球托在肩上或离开颈部。产生原因：持球的手形及球的置放位置不正确。纠正方法：讲明技术要领，反复练习。

（2）团身动作不到位，右膝弯曲不够，重心偏高。产生原因：右腿的肌肉力量差，缺乏正确的屈膝肌肉感觉。纠正方法：通过团身蹬起至脚尖的练习建立正确的屈膝肌肉感觉；加强右腿支撑平衡能力的训练。

（3）滑步时蹬摆动作幅度小，滑步距离短。产生原因：团身后身体重心没有后移就开始摆腿蹬地，没有把握好摆蹬的时机及方向；右腿力量不足。纠正方法：强调摆腿蹬地的时机；反复做团身起动的模仿练习。

（4）滑步时上体抬起，左臂后摆。产生原因：身体主动用力不协调，下肢滑步能力差。纠正方法：做连续滑步的模仿练习，强调左腿积极落地。

（5）滑步结束时身体重心没有落在弯曲的右腿支撑点的附近。产生原因：右腿回收不到位；滑步过程中上体主动抬起；左脚落地不及时。纠正方法：强调右腿蹬地后回收的技术要求，徒手模仿练习改进支撑腿蹬地的技术动作；持重物做右腿蹬收的练习。

（6）滑步与最后用力衔接不好。产生原因：没有做出良好的转换技术，右腿开始工作不及时。纠正方法：讲清滑步的目的和最后用力的技术要求。通过小幅度滑步推铅球，有意识地缩短左、右脚着地的间隔时间，建立肌肉快速用力感觉；滑步后迅速做衔接右腿的蹬转、送的练习。

（7）最后用力时上体前屈，臀部后坐，只靠上臂用力推球。产生原因：全身用力的协调性差，用力顺序不对。纠正方法：多采用由轻器械逐渐到重器械的练习，在完整技术练习中体会用力顺序。

（8）推球时跳起过早，造成无支撑推球。产生原因：对跳推技术概念不清，下肢没有完全形成最大用力状态便跳起离地，影响用力效果。纠正方法：强调左侧支撑用力的重要性，明确跳离地面的时机；反复进行完整练习，推球时强调球离手时必须做出左脚前脚掌蹬伸扒地的动作。

（9）完整技术的节奏不好。产生原因：不清楚滑步推铅球的技术节奏，动作太快或者动作太慢,上下肢用力动作不协调。纠正方法:讲明推铅球技术节奏的重要性,反复练习从慢到快的节奏,采用多种方式用力的方法,提高全身用力的协调性。

二、推铅球的技能训练

(一)推铅球项目的基本特征

推铅球是单手持球置于肩上锁骨窝处,站立在投掷圈的后部,经过滑步或旋转,然后用两脚支撑于地面,最后动员全身力量,以尽可能快的出手速度把铅球推出,尽可能掷远的投掷项目(见图5-2)。

图5-2 推铅球

(1)投掷原理表明,铅球出手的初速度、出手角度及出手高度(H)是投掷者本身施力决定铅球飞行距离的3个基本因素,其中初速度又是3个因素中最主要的因素。重力加速度与空气效应是自然条件决定铅球飞行距离的两个因素,重力加速度是一个常数,空气效应对推铅球项目的影响可以忽略不计。

(2)铅球的出手初速度主要是由最后用力推球的距离和时间决定的,用力的距离越长,时间越短,则铅球出手的初速度就越大。

(3)铅球的出手角与理论上的最佳值应为42°左右,但在实践中世界优秀铅球运动员的出手角度比计算的数值小一些,一般在37°左右。

(4)铅球的出手高度,对每一个运动员来说,都具有相对的稳定性。

(5)推铅球是一个速度力量型项目,是一个以力量为基础,以速度为核心的田径投掷项目。

(二)推铅球运动员的专项素质

推铅球运动员的专项素质有绝对力量、速度力量、动作速度、柔韧素质和灵活性。

1. 发展绝对力量的方法

可采用卧推杠铃、负重全蹲、抓举杠铃、高翻杠铃等手段,通过如下练习发展绝对力量。

(1)"克服—坚持—退让"组合训练法。实践证明,最佳效果组合的比例为:50%(克服)、25%(坚持)、25%(退让)。

(2)快、慢动作的组合训练法。慢动作的力量训练效果好,但将慢、快、慢动作组合起来训练,效果更好。

(3)不同强度(重量)交替训练法。用本人最佳成绩80%的重量与40%的重量交替训练,效果较佳。

(4)大力量训练与专门力量训练相结合,不仅能促进绝对力量水平的提高,也有利于迅速提高专门力量训练水平,还能消除或减轻神经、肌肉系统的疲劳程度。

2. 发展速度力量的方法

(1)发展腿部肌群力量的方法:负重下蹲(半蹲);负重蹲跳;腿推杠铃;负重提踵;多级跨步跳;立定跳远或立定三级跳远;双腿连续跳过若干个栏架。

(2)发展躯干肌群力量的方法:仰卧起坐(负重或不负重);俯卧背收(负重或不负重);体侧屈(负重或不负重);负杠铃转体;负杠铃体前屈;肋木悬垂举腿练习。

(3)发展肩带肌群力量的方法:卧推杠铃(宽握、窄握);颈后推杠铃(立姿、坐姿);俯卧撑(或推起击掌)。

(4)发展手腕和手指肌肉力量的方法:作屈拨球的练习;做单手抛接球练习;单手抓球练习;手指撑地的俯卧撑。

3. 发展动作速度的方法

(1)多级跨步跳。

(2)立定跳远或立定三级跳远。

(3)双腿跳过若干栏架。

(4)蹲踞式起跑。

（5）30 m加速跑。
（6）蛙跳。
（7）负轻杠铃快速转体。
（8）推或投小铁球。

4. 发展柔韧素质和灵活性的方法
（1）转髋跑。
（2）行进间听信号急转身加速跑。
（3）垫上练习，仰卧转髋，仰卧听信号团身起立。
（4）立卧撑练习，直立—蹲撑—俯撑—蹲撑—直立，反复做。
（5）球类活动。
（6）各种压腿、踢腿。
（7）前后或左右大分腿下压。
（8）负重体侧屈，逐渐加大侧屈的程度。
（9）加大髋部转动幅度的练习。

第二节 掷标枪的教学与训练

一、掷标枪的教学设计

（一）教学目标

1. 认识目标
（1）了解掷标枪运动的文化；
（2）了解掷标枪的场地、器械、规则的变更；了解掷标枪技术的发展；
（3）掌握掷标枪的概念、技术组成、技术动作要领及影响运动场地的因素；理解掷标枪的教学设计。

2. 技能目标
能够完成示范合理的助跑掷标枪技术组成部分的动作；能够精练地对技术动

作进行讲解；能够分析技术中存在的问题，给予解决的手段；能够运用教学设计的内容组织中小学掷标枪课教学。

（二）学习者分析

1. 身体素质

掷标枪运动是一项以纵向长轴器械为投掷物的投掷项目。最后用力开始时肌肉的伸展长度长、力量指向集中，动作速度快，是典型的爆发式用力的运动项目，所以运动成绩与运动员的专项力量素质有很大关系。而高校运动员正处于身体生长发育的高峰期，肌肉纵向的生长速度大于横向的生长速度，且肌肉及骨骼中有机物含量多，故不宜做过多和过大的肌肉力量练习，特别是重器械力量练习。掷标枪运动是一项技术复杂的运动项目，但是仅依靠技术是完全不够的，没有良好的身体素质水平特别是力量素质，很难获得最大的出手速度。所以高校标枪运动员的训练要正确认识专项训练的内涵与意义，对力量训练手段进行科学地分类和选择，以及保证训练的顺利进行。

2. 技术水平

掷标枪的教学重点是最后用力技术。最后用力是标枪出手时获得速度的关键，在教学中教师应抓住标枪纵轴的用力，髋和下肢的正确动作，上体和投掷臂的快速鞭打等重点内容。同时投掷步是助跑的主要技术环节，在教学中应加强投掷步的速度节奏。初学者在投掷标枪时常常只注意肌肉用力的大小，而对标枪与身体保持的位置，枪尖和枪尾的高低以及助跑中手对枪身的上下晃动和左右摇摆的控制等都缺乏重视。这就将使肌肉用力难以直接作用在枪上，还容易造成肩和肘部的伤害，影响标枪技术的掌握。

一般初学者在原地投掷器械比较容易，助跑后具有一定速度时，要做出正确的投掷标枪动作比较困难。由于学生在学习中常常顾头不顾尾，没有做出下肢支撑用力的动作就将枪投出去了，在做右侧用力时又忘记了左侧支撑用力动作。因此，教师在教学中应反复进行徒手的模仿练习，用助跑投小垒球等练习来进行诱导，使学生逐步掌握在快速助跑中正确的最后用力技术动作。

一般情况下，学生学习投掷标枪时，常常按习惯用力形式发力。大多数人都是上肢主动发力过早，没有形成腿、髋、腰、胸、肩、臂、手的链状鞭打动作，下肢和躯干还没有用力，上肢就已经将标枪掷出去了。教学中建立正确的最后用力顺序，使学生能够充分体会到"自下而上""以大带小"的鞭打用力是标枪教学中要解决的难点问题。

3. 情感基础

掷标枪训练不仅可以锻炼运动员勇敢精神和服从纪律意识，同时也可以提高运动员的专注力和集中力。因此，参加掷标枪训练对运动员来说是有益的，学校应该加大投入，为学生提供更好的训练条件，以提高学生的体质，推动学生的全面发展。

（三）教学内容分析

1. 掷标枪项目的特点与价值

掷标枪是田径教学大纲规定的重点项目之一，是体育教育专业教学的重点内容。掷标枪为持器械项目，教学过程中的安全要求较高，有利于培养学生的安全意识。

掷标枪能够很好地发展学生的身体协调性、力量等素质，为其他项目的学习提供身体基础条件，并对其他理论知识的学习与应用有较好的促进作用。

2. 影响掷标枪成绩的主要因素

从技术角度和心理学、生理学角度分析，影响掷标枪成绩的主要因素为出手速度、出手高度、出手角度和动作技术的流畅程度以及心理应激和生理机能状态。

（四）教学策略

1. 准备活动

掷标枪项目因其技术性较强，为了充分利用课堂教学时间，促进学生尽快掌握技术，在课堂的准备活动中除了采用常规的活动内容以外，建议多采用专项练习进行准备活动。

教师利用教材、网络资源创编相关内容，还可采用讲解、示范等方法组织学生进行身体各部位的活动练习，如上肢活动内容可以按照掷标枪最后用力时手臂、手腕和手指的技术要求进行内容设计；躯干活动内容以躯干侧屈，转动，挺胸等练习内容为主，符合助跑掷标枪技术不同阶段的要求；下肢活动内容以交叉步练习为主。

2. 技术教学

投掷标枪的基本步骤（见图5-3）。

图 5-3　投掷标枪的基本步骤

（1）建立掷标枪技术的正确概念。教学手段：①通过观看录像、技术挂图等了解掷标枪的完整技术，同时讲解完整技术的各技术环节和各环节的作用；②结合投掷技术原理，介绍投掷标枪技术的特点与铅球技术的相同和不同；③介绍标枪的器械规格；④简介掷标枪的发展，反复进行安全教育，提出安全措施。

教学提示：讲解突出掷标枪反关节运动，纵轴用力及较大的水平速度。听从指挥是确保安全和提高教学质量的关键之一。

（2）学习掷标枪技术的专门性练习。教学手段：①双手持枪原地转肩；②双手持枪原地绕肩；③肩扛枪原地交叉步跳；④肩扛枪原地转髋；⑤持枪原地翻肩模仿练习；⑥单手持枪顶物原地模仿；⑦单手持枪转肘；⑧原地、上一步、上三步、投掷步投掷标枪。

（3）学习最后用力技术（以右手投掷为例）。教学手段：①学习中指握枪与食指握枪；②学习肩上持枪；③学习原地正面插枪；④学习上两步正面插枪；⑤学习原地侧向投掷标枪。

教学提示：握持枪要牢固，但要放松，以便出手时快速用力（鞭打）。随着插枪技术的掌握，要求学生在前送髋关节的同时振胸挥臂甩腕。投掷臂要放松伸展，肩部要充分拉紧。用力时右腿要提踵，压膝，前送髋关节。

（4）学习交叉步投掷标枪技术。教学手段：①学习上一步投掷标枪；②学习交叉步投掷标枪技术，徒手连续做交叉步练习，持枪连续做交叉步练习，半蹲状态的连续跳跃练习，连续交叉步投掷标枪练习。

教学提示：左腿前迈落地制动与右脚提踵用力是同时进行的。连续交叉步时要迈步低，落地快，重心平稳起伏小，要求低、快、平，建立正确的投掷步节奏。右脚的落地、扒地、用力三者同时进行，体会交叉步与最后用力的衔接。主动蹬地用力形成"满弓"，体会进行中借速用力拉紧肩带和躯干肌肉群的动作。

（5）学习投掷步掷标枪技术。教学手段：①原地引枪；②行进间引枪；③慢跑中的引枪；④走步引枪接"满弓"练习；⑤徒手引枪接"满弓"挥臂练习；⑥投掷步掷标枪。

教学提示：引枪时，迈步、引枪、转体三者要协调一致。引枪、交叉步、最后用力三者要协调一致。

（6）学习短程助跑投掷标枪技术。教学手段：①学习持枪助跑技术；②助跑4~6步接投掷步练习；③助跑4~6步接投掷步掷标枪练习。

教学提示：重心不宜过高，助跑速度不宜过快，随着技术的不断掌握可逐渐加快速度。投掷步引枪时棘肌要紧张，帮助推送髋关节，做好用力前的预备姿势。

（7）学习全程助跑掷标枪技术。教学手段：①徒手预跑8~10步接投掷步练习；②预跑8~10步接投掷步做中小强度的投掷标枪；③确定个人助跑步数；④固定步点的全程助跑投掷标枪。

教学提示：动作要协调放松，要求做好各环节动作的衔接。以能完成各环节动作，发挥自己的速度和做好最后用力来确定自己助跑的距离。全程步点一定要服务于技术。

3.易犯错误、产生原因及纠正方法

（1）握枪时食指不是缠绕标枪而是抵在标枪上。产生原因：动作过分紧张，纠正方法：讲明危害，多练习，体会如何握而不紧。

(2)持枪时掌心空。产生原因：持枪时肘过低，手腕紧张。纠正方法：讲清动作要领，反复练习。

(3)投掷步重心过高。产生原因：膝关节过直或上体和左肩领先。纠正方法：讲清动作要领，持枪做半蹲状的跑或右腿承担身体重量的半蹲跳等练习。

(4)引枪不到位。产生原因：引枪时身体和投掷臂过分紧张或过分放松或不转体而先向左拉左肩。纠正方法：引枪时要顺枪后引并转体，进行多跑的引枪练习。

(5)助跑接最后用力中间有明显停顿。产生原因：用力前一步右腿落地过直或迈腿过高。纠正方法：运用信号反复强化练习。

(6)投掷步用力前一步右脚落地时脚尖与投掷方向角度过大。产生原因：上体在投掷步中前倾过大，髋轴平行于投掷方向，躯干比较松。纠正方法：持枪反复做交叉步练习，强调右脚尖与投掷方向的角度。

(7)没有左侧支撑动作。产生原因：缺乏双支撑用力的意识。纠正方法：明确技术概念，用跳投的方式投掷。

(8)步点不准。产生原因：助跑两端的步数没有固定，跑速不稳定。纠正方法：固定助跑步数和节奏，全程计时反复练习。

(9)全程减速。产生原因：投掷步不积极，过早准备用力。纠正方法：讲清全程助跑适宜速度的重要性，加强投掷步技术节奏的练习。

二、掷标枪的训练

(一)掷标枪的技术训练

掷标枪的技术训练方法如下（见图5-4）。

(1)掷标枪各种专门练习和模仿练习（徒手和带器械）。

(2)原地、上3~5步、短程助跑、全程助跑的鞭打练习。

(3)原地和上步插枪、投小球或石块、掷标枪。

(4)原地侧向掷轻标枪、标准枪或投掷其他器械。

(5)交叉步各种练习和交叉步掷标枪。

(6)原地、上步和短程、全程助跑（采用不同的助跑速度）做引枪练习。

(7)投掷步掷标枪或投掷其他器械。可在地上画出步点标志或通过语言、击掌等信号提示进行投掷步练习,以形成稳定的步长和建立节奏感。

(8)以各种速度做持枪助跑练习和持枪助跑接投掷步的练习。

(9)短程、半程、全程助跑掷标枪或投掷其他器械。

图 5-4　掷标枪

(二)掷标枪的素质训练

1. 专项速度训练的主要方法与手段

(1)发展助跑速度的主要练习:短、中、长距离持枪快跑,利用下坡持枪快跑;20~30 m 持枪计时加速跑或行进间 15~20 m 持枪计时跑;持枪跑接投掷步的节奏跑练习;徒手、持枪或负轻重量连续交叉步跑 15~20 m,持枪计时跑;持枪跑 15~20 m 后引枪接侧向交叉步跑 15~20 m,动作熟练后结合计时;持枪全程助跑练习。

(2)发展专项动作速度的主要练习:①徒手或持枪,原地或左腿上一步做右腿大幅度快速地蹬转送髋练习;徒手或持枪,交叉步后右腿做快速蹬转送髋动作。②原地或上步做大幅度、快速度的展体"拉弓"和屈体"鞭打"练习;两手正握单杠,两脚前后开立,左脚在前,右腿屈膝,体重落在右腿上;做快速的蹬腿送髋和挺胸拉肩练习。③原地正面、原地侧向和上步,徒手或手持软树枝做各种"鞭打"练习;右手持一段软管、粗绳或软竹竿,原地、上步或助跑,快速用力击打前上方悬挂的轮胎、吊球或其他标志物。④原地侧向、交叉步、助跑对挡墙或挡网掷垒球、小沙包和轻橡皮球;投掷步或短程、半程、全程助跑掷小球、小石块和轻标枪。

2. 专项力量训练的主要方法与手段

(1)仰卧、斜卧、立姿或坐姿,单臂或双臂从头后屈肘拉起杠铃片。

（2）坐凳肩负杠铃转体。

（3）双手持杠铃片弓步臂上举。

（4）单手或双手持杠铃片，单臂或双臂绕肩转动，或绕肘、腕转动（向不同方向）。

（5）两手各持杠铃片直立，两臂依次交替向头后上方和体后下方摆振。

（6）单手或双手持杠铃片做右腿蹬转展体拉"满弓"的练习。

（7）俯卧在跳箱或"山羊"上，两手持轻杠铃片，上体尽量前屈，两腿由同伴压住。然后上体充分后屈抬起，两臂向后上方摆动，肩部拉开，挺胸抬头使躯干呈反弓形。抬上体时可结合做向左、右转体动作，也可成仰卧姿势做前、后屈体练习。

（8）单杠悬垂，两腿后摆并充分展体挺髋，然后快速收腹举腿使两脚触及头上方的单杠。

（9）两手持杠铃片左、右腰绕环。要求绕环幅度大，结合挺髋动作。

（10）原地正面两脚前后开立，左脚在前，以单手或双手从头后向前上方掷实心球。

（11）正面上一步、上两步、助跑以单手或双手从头后向前上方掷实心球。

（12）侧向站立，原地或上步蹬腿、送髋、转体用力，以单手或双手从头后向前上方掷实心球。

（13）成半仰卧姿势（腰背部枕一个软实心球），利用腹、胸、肩和臂依次收缩力量，单手或双手从头后向前上方掷实心球。可逐渐增加上体前移幅度成仰卧坐起向前上方掷球。

（14）两膝弯曲跪在体操垫上，上体面对投掷方向充分后仰成反弓形，双手从头后向前上方掷实心球。也可上体侧对投掷方向，肩、肘部扭转拉紧，利用转体动作单手掷轻球。

（15）反弹球练习。面对挡墙两脚前后开立，左脚在前距墙约20cm处，身体呈反弓形，投掷臂持带球或有套子的实心球，另一手可扶墙或支撑物。然后蹬腿、收腹、挺胸、挥臂用力用球击打墙面（手仍抓紧球的带子），利用球击墙后的反弹力使身体再次成反弓形，连续做。要求用力顺序正确，幅度逐渐加大，亦可双手持球练习，同时球的重量不宜过重。

（16）一手抓住胶带（胶带另一端固定），原地、上一步或交叉步用力拉成"满弓"。练习时抓握胶带的手臂要放松，不应主动用力。

（17）胶带一端固定，另一端套在右膝上，做克服阻力或增加助力的右腿交叉步摆动动作，提高大腿内收肌的收缩速度和力量。

（18）原地、上步、投掷步或短程助跑掷橡皮球、小铁球和加重标枪。要求严格控制器械重量和投掷强度。

（19）负重或不负重的侧向单足跳和侧向多级跳。可采用计时或丈量距离的方法加大训练强度。

（20）正面四步助跑，左腿快速蹬地跳起，右手摸空中标志物。要求四步助跑有明显节奏，后两步快于前两步。发展最大力量是提高跳跃竞技能力的基础，因为最大速度和最大速度力量的发展水平受制于最大力量的发展水平，没有较高水平的最大力量，要想使速度力量和最大速度达到很高水平也是难以想象的。[1]

3. 柔韧素质、灵活性训练的主要方法与手段

（1）各种转髋练习。如正面两腿左右交叉转髋走，侧向两腿前后交叉转髋跑，两腿并拢或左右大开立转髋，原地或行进间跳起连续转髋等。

（2）向不同方向大幅度摆腿和摆臂。

（3）侧向站立，原地和上步做低重心、大幅度的右腿蹬转、送髋练习。

（4）两手握单杠或吊环做悬垂翻转拉肩练习。

（5）利用垒木或双人配合做各种背弓和后桥练习。

（6）利用垒木或标枪做各种压肩、转肩和双人配合拉伸肩关节的练习。

（7）用标枪顶住墙，原地和上一步做右腿蹬转、送髋、挺胸、拉肩的练习。

（8）单手或双手握标枪、拉胶带、扶垒木和低单杠，或拉住同伴的手做各种展体拉"满弓"的练习。

（9）各种转体、屈体、体侧屈和伸展腰椎关节的练习。

（10）俯卧在体操垫上，两手握踝，做抬头、挺胸、展髋练习。

---

[1] 董琦：《安徽省普通高校发展高水平田径运动队的现状分析与对策研究》，北京体育大学2005年硕士学位论文。

第三节 掷铁饼的教学与训练

一、掷铁饼教学的设计

（一）教学目标

1. 认识目标

（1）了解掷铁饼运动的文化；

（2）了解掷铁饼的场地、器械、规则的变更；

（3）了解掷铁饼技术的发展；

（4）掌握掷铁饼的概念、技术组成、技术动作要领及影响运动场地的因素；

（5）理解掷铁饼的教学设计。

2. 技能目标

（1）能够完成示范合理的旋转掷铁饼技术组成部分的动作；能够精练地对技术动作进行讲解；

（2）能够分析技术中存在的问题，给出解决的手段；能够运用教学设计的内容组织中小学掷铁饼课教学。

3. 情感目标

培养学生组织纪律性，注意安全，养成严格遵守投掷铁饼常规的习惯；培养学生在练习中不怕脏、不怕累、克服困难的品质，塑造良好的教学氛围；培养学生相互帮助、相互指导的互助精神，建立良好的人际关系；培养学生超越自我的良好品质，增强学生的自我效能感。

（二）教学内容分析

1. 掷铁饼项目的特点与价值

掷铁饼是田径教学大纲规定的项目之一，是体育教育专业教学的重点内容。掷铁饼为持器械项目，教学过程中的安全要求较高，有利于培养学生的安全意识。掷铁饼能够很好地发展学生的身体协调性、力量等素质，为其他项目的学习提供身体条件，并对其他理论知识的学习与应用有较好的促进作用。

2. 影响掷铁饼成绩的主要因素

从技术角度和心理学、生理学角度分析，影响掷铁饼成绩的主要因素为旋转与最后用力的衔接、出手速度、出手高度和铁饼的倾斜角度以及心理应激和生理机能状态。

（三）教学策略

1. 准备活动

掷铁饼项目因其技术性较强，为了充分利用课堂教学时间，促进学生尽快掌握技术，教师在课堂的准备活动中除了采用常规的活动内容以外，建议多采用专项练习进行准备活动。如利用教材、网络资源创编相关内容，采用讲解示范等方法组织学生进行身体各部位的活动练习。

（1）上肢活动内容：按照掷铁饼最后用力时挥臂和拨手指的技术要求进行内容设计。

（2）躯干活动内容：以躯干转动，挺胸等练习内容为主，符合旋转掷铁饼技术不同阶段的要求。

（3）下肢活动内容以旋转练习为主。

2. 技术教学

（1）建立完整掷铁饼技术的概念。教学手段：①观看技术挂图，教师完整技术示范；②讲解掷铁饼的技术结构，介绍优秀运动员的技术特点。

教学提示：讲解要简要，突出重点；强调安全要求与措施。

（2）学习原地掷铁饼技术（以右手为例）。教学手段：①学习握饼技术；②学习摆饼技术；③学习拨饼和滚饼；④学习原地正面投掷铁饼；⑤学习原地侧向投掷铁饼；⑥学习原地背向投掷铁饼。

教学提示：初学者在用力时往往只注意蹬地而忽视了转体，因此，要强调右腿右髋的转动，体会下肢首先用力的肌肉感觉；出手角度的大小主要是两腿的作用，特别是左腿支撑用力的作用，胸带臂主要是平投，要防止有任何提肩的动作出现。

（3）学习正面旋转掷铁饼技术。教学手段：①左手扶低单杠做正面旋转练习；②持辅助器械做正面旋转练习；③正面旋转投掷铁饼练习。

教学提示：正面旋转投掷铁饼是一个过渡环节，主要目的是体会旋转后形成大幅度的用力姿势，体会在转动中衔接最后用力的肌肉感觉。

（4）学习背向旋转投掷铁饼技术。教学手段：①徒手双腿支撑起动做旋转练习；②在徒手练习的基础上，右脚离地做单支撑转动至右脚落地练习；③徒手做背向旋转成双支撑最后用力前预备姿势；④背向旋转投掷辅助器械；⑤背向旋转投掷铁饼。

教学提示：初学者在旋转过程中保持半蹲、收腹、扭转；完整练习时根据学生练习情况及时提出安全要求；以中等练习强度为主，强调技术动作的连贯协调。

（5）改进和提高掷铁饼完整技术。教学手段：①在投掷圈内多做完整技术练习；②根据学生的练习情况，必要时穿插一些技术环节的专门性练习，以便掌握完整技术；③有针对性地投掷不同重量的铁饼，以改进技术和提高专项能力；④掌握技术后，通过测量原地投掷和背向投掷的成绩进行比较评定技术。

教学提示：针对学生练习出现的技术差异，重新设计练习手段帮助学生掌握技术；掌握完整技术后注意及时提出加大动作幅度和旋转速度的要求。

3. 易犯错误、产生原因及纠正方法

（1）双支撑起动进入单支撑旋转阶段，身体失去平衡。产生原因：进入旋转时上体过早倒向投掷圈的圆心。纠正方法：①徒手模仿双支撑进入单支撑的练习，体会身体由右向左向圆心转动的路线及单支撑时身体的平衡感觉；②持辅助器或深握饼做旋转至双脚着地用力姿势的练习，重点体会双支撑进入单支撑时身体平稳地向前转动的感觉。

（2）双支撑进入单支撑旋转阶段，上下肢的动作结构不合理。产生原因：左肩左臂过早打开且过早向圆心方向摆动，上体突然加速破坏了上下肢的合理动作结构。纠正方法：①徒手做开始起转练习，强调下肢的积极主动转动，特别是左腿的屈膝转动；②徒手旋转至双支撑用力前姿势，重点体会左肩左臂向圆心做弧形摆动的路线，使左肩左臂与左腿左膝形成一体转动。

（3）旋转后两脚落地的位置过于偏左或偏右。产生原因：起转时左脚转动的方向没有到位，右脚弧形摆动转髋的方向控制不准确。纠正方法：多做开始起转的练习，重点要求两腿支撑转动的程度和右腿弧形摆动与左腿支撑转蹬的配合，可在圈内使用标志物进行检查。

（4）旋转后用力前，上体过早抬起使身体重心前移。产生原因：对最后用力概念不清，上体发力时间过早；身体素质较差，特别是腿部和腰背腹肌力量差。纠正方法：①明确技术概念，多做徒手或持辅助器械旋转至用力前的姿势，强调旋转过程中始终保持半蹲收腹扭转；②发展腿部和腰背腹肌力量。

（5）旋转后用力前，髋轴与肩轴没有形成扭转拉紧的最后用力姿势，超越器械不明显。产生原因：旋转后没有控制好上体的继续旋转和有意识留住持饼臂，使饼过早前摆，下肢转动不积极。纠正方法：在教师的帮助下，做徒手旋转练习，要求学生适当控制上体，体会旋转过程中下肢积极主动，特别是单腿支撑的转动。要求前脚掌支撑转动，不能用全脚掌着地，并且要求上体被动放松，体会投掷臂留在身后的肌肉感觉，并指出旋转后用力前铁饼应处的位置。

（6）旋转至右脚着地成单支撑阶段明显停顿或转不起来。产生原因：右腿摆动右髋转扣时左腿蹬地力量不够，使身体重心没有移到右腿的支撑点上方；右腿弧形摆动与左腿转蹬过于向上，导致跳起过高，重心起伏大，使落地形成制动，从而造成旋转动作停顿；右脚落地是用全脚掌落地。纠正方法：多做开始起转腾空后衔接单支撑的转动练习。要求低平摆动防止高跳；多做单支撑转动的专门性练习，要求学生做好单支撑转动阶段，保持合理的身体结构，特别是重心、转动轴和左腿的积极后摆，体会单支撑转动的肌肉感觉。

（7）最后用力上体发力过早，没有发挥下肢转动用力的能力。产生原因：右腿右髋转动技术不熟练，上体和手臂用力时机掌握不好。纠正方法：①双人对空练习，使学生体会右腿右髋用力的肌肉感觉；②原地投掷，强调由下而上的用力顺序；③投掷辅助器械，强调最后用力前半部分下肢的积极用力作用与后半部分上体爆发用力的配合动作感觉。

（8）最后用力向前不够。产生原因：最后用力两脚开立的距离过小；右腿右髋蹬转前送不够，没有形成良好的左侧支撑用力。纠正方法：徒手或持木棒打树叶练习。

（9）最后用力向左侧倒。产生原因：左侧支撑用力意识差，左肩没有制动动作。纠正方法：①徒手或持辅助器械模仿最后用力练习，重点强调左侧支撑用力动作和左肩的制动动作；②初学者要求以"支撑投"动作类型练习为主，强调发挥支撑转动用力的动作。

二、掷铁饼的训练

（一）掷铁饼的技术训练

掷铁饼运动员要达到高水平的运动成绩，必须从少年阶段抓起。许多优秀掷铁饼运动员都是经过业余训练而达到高水平的。青少年时期，正是掷铁饼的基础训练阶段，因此必须重视在发展全面身体素质的基础上，掌握正确的掷铁饼基本技术，逐步提高掷铁饼的专项素质，以便承受高级专项训练的运动量和运动强度，使专项水平达到本人的最高水平。

掷铁饼运动员的训练必须要作长远打算，不能急于求成，不能计较一时的得失。必须要根据的生长发育规律，在全面提高身体素质的基础上，注意优先发展速度、小力量、爆发力、协调性和柔韧素质。在训练负荷上，不宜采用大重量的杠铃练习。在采用轻器械练习时，要注意培养学生放松、协调和正确控制铁饼的肌肉感觉，以及平衡能力和节奏感，加强对旋转与最后用力衔接技术的训练。

技术训练是掷铁饼训练的重要内容，掌握正确的投掷技术不仅有利于发挥运动员的运动能力，创造良好的运动成绩，而且对学生的长远发展非常重要。青少年时期是学习运动技术的最佳时期，要抓住这一有利时机加强技术教学，使之掌握正确的运动技术。技术训练应以基本技术训练为主，保持自然合理的动作，着重培养运动员控制铁饼、协调用力投掷和放松的能力，形成正确的技术空间结构和快速节奏。要根据学生特点精讲多练，充分发挥学生模仿能力强的特点，帮助运动员学习和掌握规范的运动技术。

1. 掷铁饼技术训练的主要手段

（1）掌握基本技术的练习。①徒手、双人、扶肋木做各种转髋、转体、扩胸、摆腿、旋转练习；②持铁饼做摆饼、滚饼、抛饼、预摆等熟悉铁饼性能的练习；③徒手或持轻辅助器械，做预摆、原地投、旋转和旋转投的模仿练习；④徒手或持器械做最后用力模仿练习；⑤徒手或持器械，做进入旋转和旋转模仿练习。

（2）掌握和改进旋转技术的练习。①原地站立做180°、360°的旋转练习；②徒手或持轻器械，以左腿为轴旋转360°，体会以左侧为轴的旋转动作；③扶栏杆做转髋练习，左手侧扶栏杆，然后向前摆腿转髋和转体360°，右手扶栏杆成最后用力预备姿势；④侧向前进方向站立，右臂预摆后向前进方向手续旋转，后半圈时加快腿和髋的转动速度，形成最后用力前的预备姿势；⑤做徒手双腿支撑起转模仿练习，体会身体重心的移动和左腿屈膝转动，保持好上体和肩臂的移动路线；⑥肩负竹竿做旋转练习，体会肩轴与髋轴在旋转中正确的超越关系；⑦徒手或持器械做各种旋转模仿练习；⑧做正面跨步与侧向旋转投掷练习，体会转换与最后用力的连贯、衔接。

（3）掌握和改进旋转与最后用力衔接技术的练习。①徒手或持辅助器械体会右脚落地至左脚落地的动作；②徒手或持辅助器械做正面旋转投掷模仿练习；

③做正面旋转向投掷网掷铁饼练习；④利用轻器械做完整技术练习，经常投掷1 kg的铁饼或其他轻器械，培养速度感和节奏感。

（4）掌握和改进最后用力技术的练习。①徒手原地做最后用力阶段的右腿、右髋转蹬练习；②负重或双人对抗（给上体以适当的阻力）练习，做右腿屈膝转蹬动作；③拉橡皮带练习，侧向站立，右手握橡皮带，然后转髋、转体拉紧橡皮带；④鞭打标志物练习，手持橡皮管，快速挥臂鞭打标志物，体会最后用力动作；⑤坐或站立，单手经体侧向不同方向掷实心球、沙袋、小铁球的练习；⑥原地投掷实心球、沙袋、小铁球或铁饼的练习；⑦右侧对投掷方向，预摆后左腿后撤，屈右膝单腿支撑转动成左侧对投掷方向，不停顿地接双腿支撑用力掷饼；⑧听信号投掷铁饼练习，背向持饼，听信号后迅速转髋90°，顺势掷饼。

（5）完整技术练习。①利用投掷网做旋转掷铁饼练习；②在投掷圈内做旋转掷铁饼练习。

（6）增加难度的技术练习。①在斜坡上做原地旋转模仿练习，练习时坡度不宜过大，斜坡练习要和原地练习结合进行；②在各种气候条件下（顺风、逆风、侧风和雨中）进行练习；③在湿滑的场地上进行练习，以培养自控能力。

2. 掷铁饼技术训练应遵循的原则

（1）对初学者要高度重视基本技术的训练，要求他们严格按照完整技术的结构、速度节奏去做每一个练习。

（2）对有一定训练水平的运动员，必须根据其个人特点抓住技术重点训练，保证训练质量和效果。

（3）技术训练优先。在一个训练单元中，应先进行技术训练，然后再进行其他内容的训练。

（4）运动员兴奋性过高或过低时，不宜学习新技术或改进技术。

（5）在基础训练阶段应以投掷轻器械为主，投掷轻器械应快于投掷标准器械时的速度和节奏。一般在技术较稳定时才旋转投掷重器械，否则会破坏技术动作和节奏。

（6）基本技术训练要长年坚持，常抓不懈。

（7）在基础训练阶段，技术训练所占比重不得少于15%。

（二）掷铁饼的素质训练

掷铁饼运动员的素质训练包括一般身体训练和专项身体训练两个方面。一般身体训练的目的是通过多种多样的身体练习，增进运动员的健康，提高运动员各器官系统的机能能力，全面发展运动素质并改善身体形态上的缺陷。专项身体训练的任务是在训练中采用专门性练习手段以及与提高专项成绩有直接关系的专项练习，来发展运动员有机体各器官和系统的机能能力，提高专项运动素质，创造优异的运动成绩。一般身体训练是专项身体训练的基础，专项身体训练是运动专项的必需。两者在训练过程中不可分割，而是相互制约、目的一致。

1. 掷铁饼运动员的身体训练

（1）一般身体训练的主要手段与方法。掷铁饼运动员进行一般身体训练时必须要结合其自身特点，训练内容要多样、全面且具有趣味性，要较多地安排克服自身体重的跑、跳、力量练习以及各种投掷轻器械练习和柔韧素质练习、协调性练习、耐力练习等。

①投掷：前抛、后抛铅球、实心球，侧抛小杠铃片，鞭打小胶球、垒球或投掷小石子等。

②力量：各种对抗自身体重的俯卧撑、仰卧起坐、腹背肌练习，肋木悬垂举腿，侧卧和站立挥摆小杠铃片及提举各种轻杠铃、哑铃和壶铃练习。

③快跑：30~100 m各种距离的起跑、加速跑和行进间跑练习。

④跳跃：立定跳远、立定多级跳、跨步跳、交换腿跳、单足跳、蛙跳、纵跳、跨栏架练习。

⑤灵敏性、协调性和柔韧素质：各种球类游戏，垫上的各类滚翻和手翻、连续旋转等练习，特别要注意多做肩、腰、髋等关节的灵活性练习。发展柔韧素质可采用身体各部位最大限度地伸展和拉引练习，如肩部拉引躯干、肩部及全身的伸展旋转练习，压腿、体前屈、体侧屈、髋部屈伸练、各种高腿、摆腿练习。

⑥耐力：通过越野跑、追逐游戏和球类活动及增加训练内容或增加重复练习次数的方式提高耐力素质。

（2）一般身体训练应遵循的原则。①在全年和多年训练过程中都要安排一般身体训练的内容。年龄越小，训练水平越低，一般身体训练的比例就越大，一般身体训练对掷铁饼运动员尤为重要。②一般身体训练的内容和手段的选择既要全面又要结合专项需要，要突出重点。训练手段与方法要易于掌握和操作，多采用重复和循环训练方法。③在较高水平运动员的训练中也要适当地安排一般身体训练内容。要保持高水平的运动成绩，必须不断地巩固身体各器官系统的机能，保证专项运动素质水平的维持和发展。

2. 掷铁饼运动员的专项身体训练

（1）专项身体训练的主要手段与方法。

①力量练习：专项力量练习是掷铁饼运动员训练的主要内容之一。科学、系统的力量训练对促进青少年生长发育和提高运动水平有重要意义。因此，专项力量训练必须要符合掷铁饼运动的专项技术特点和用力特点。

专项基础力量类（发展最大力量和最大功率）练习：肩负杠铃深蹲或半蹲起练习；肩负杠铃半蹲跳、分腿跳、多步换腿跳练习；负重提踵练习；杠铃快挺、高翻、抓举、卧推练习；体前屈屈臂提铃练习。

专项机能力量类（发展最大功率和爆发力量）练习：肩负杠铃半蹲左右转体练习；肩负杠铃体前屈、左右侧屈练习；肩负杠铃半蹲跳起转髋练习；肩负杠铃坐姿转体练习；持杠铃片或哑铃做扩胸练习；持杠铃片连续直臂挥摆练习；仰卧在长凳上，两手持杠铃片于体侧，做自下而上直臂摆动练习；肩负杠铃成最后用力姿势，然后做拧腰和转髋发力练习；侧对投掷方向，肩负杠铃或半蹲，旋转后接最后用力阶段的右腿转蹬练习；肩负杠铃连续旋转练习。

专项投掷力量类（发展爆发力量和专项速度）练习：原地或转体抛掷杠铃片、铅球、壶铃等练习；前后抛铅球或杠铃片练习；跳深、跳栏架、跳台阶等练习；持重器械、轻器械或小铁球背向旋转投掷练习；大强度原地或旋转投掷铁饼练习。

②专项速度训练：专项速度训练的目的主要是发展旋转速度和最后用力速度。在提高快速力量水平的基础上，通过旋转和模仿技术练习，发展旋转速度，通过投掷轻器械发展最后用力速度。

出于专项技术的特殊要求，掷铁饼运动员应从小打下坚实的专项柔韧素质和灵敏性基础。因为发展掷铁饼运动员肩关节、髋关节的柔韧素质和灵敏性可以加大投掷臂与肩轴的拉引角度和肩轴与髋轴的扭转角度，形成最后用力前良好的超越器械动作，加大最后用力的工作距离。各种转肩、转髋和摆腿练习方法：正面两腿左右交叉转髋走练习；沿直线快速连续旋转练习；借助肋木做各种体前屈、体侧屈练习；负重做转髋、转体拉肩、拉臂练习；徒手或持杠铃片臂绕环练习，以发展肩带专项柔韧素质；肩负杠铃转体练习，以发展躯干专项柔韧素质和专项力量。

③专项耐力训练：专项耐力训练要循序渐进，注意专项练习内容的多种组合变化，避免过度训练的发生。

（2）专项身体训练应遵循的原则。

①选择专项身体训练的手段要尽可能接近掷铁饼技术的基本动作结构。青少年运动员的专项身体训练要紧紧围绕专项技术要求，以发展专项速度和力量为核心，同时注意多种训练内容的合理匹配和协调发展。

②身体训练所占的比重，应根据运动员的训练水平、训练的不同阶段等因素适当安排。

③选择的专项练习要针对运动员的个人特点和要求，以发展其特长和弥补其不足。

④确定专项身体练习的内容、负荷、强度和难度时，要充分考虑青少年生长发育的特点，练习的种类和内容要多样化，避免身体局部负担过重和伤害事故的发生。

第四节　掷链球的教学与训练

一、掷链球的技术教学

掷链球是技术较复杂的一项田径运动项目，需要学生具有良好而全面的身体素质、顽强的意志品质和吃苦耐劳的精神。

（一）掷链球技术教学分析

掷链球技术教学的重点是如何使技术模仿练习和持球旋转技术练习结合起来。教学的难点是掌握和提高多圈旋转技术，旋转练习向完整技术练习转换的时机和转换是否合理，以及转换技术结合的合理性。因此，在掷链球技术教学中，教师应抓住教学的重点和难点，采取科学、合理、有效的方法和手段进行教学。具体而言，应注意做到：模仿练习与掷链球完整技术相结合；掌握与提高多圈旋转的节奏和能力；改进技术与提高身体素质相结合。旋转是掷链球技术的重要组成部分，它起着承上启下的作用，关系着整个技术的完成质量。因此，在掷链球的技术教学中，可以打破其他投掷项目的教学常规，也就是先教旋转，再教最后用力，将重点放在旋转上。

（二）掷链球的教学程序与方法

学习掷链球技术时，要遵循从易到难的原则，注意分解技术与完整技术教学的搭配，课与课、阶段与阶段的衔接，及时抓住正反典型进行肯定和纠正。教师的示范动作要准确，可利用直观教学方法，使学生有深刻的感性认识。

1. 学习握法和预摆技术

（1）教学内容：两脚分立同肩宽，做左右前后移动髋部练习；两脚分立同肩宽，结合双臂在肩上和头上绕躯干摆动，做移动髋部练习；手持木棒或带球进行预摆练习；学习握法并持轻球或标准链球进行预摆练习。

（2）教学提示：在学习预摆技术时，由徒手练习过渡到持器械练习。所持器械应从固定的到短的、轻的，再逐渐到较重的顺序进行；在预摆动作中要保持躯干正直，两腿自然弯曲，双臂放松，髋部和双腿做与链球摆动方向相反的对抗补偿运动；预摆的用力方法，应该是球由左侧高点沿弧线下行至身体的右侧时施力于链球，使球获得加速度；球由低点上升时动作应尽量放开，保持身体平衡，使链球能够匀加速前进。

2. 学习原地掷链球的技术

（1）教学内容：徒手模仿做最后用力的练习；用实心球、哑铃或木棒做最后用力的练习；原地摆链球，做1~2次预摆后将链球抛出；原地投短链球或轻链球，做1~2次预摆后将链球掷出。

（2）教学提示：做最后用力练习时要注意动作的正确顺序；最后用力的学习任务放在旋转任务的前面，能使旋转和最后用力形成自然的衔接；最后用力的练习要注意出手的方向、高度、角度和加速度，以及上下肢的协调用力。

3. 学习旋转和旋转投掷链球的技术

（1）教学内容：徒手旋转练习；徒手旋转2圈、3圈、4圈和多圈的练习；持木棒、带球或网袋球旋转1圈、2圈、3圈、4圈和多圈的练习；持短链球、轻链球旋转1圈、2圈、3圈、4圈和多圈的练习；持标准球旋转练习。

（2）教学提示：在旋转和旋转掷链球技术中，运动员应保持上体正直，双臂伸直，两腿弯曲，髋部挺出，左脚跟与左脚掌在旋转中形成自然衔接，保持左脚的直线旋转。右脚离地要迅速落地，位置要准确，同时在每圈旋转中要有明显地超越和加速；保持头部自然位置，防止头部过分转动。在旋转中，应注意定向，对方向、方位、器械和空间有良好的感觉；保持以左脚为支撑点的稳定、垂直的旋转轴，保持人与链球融为一体旋转；以移动身体重心对抗离心力、加长旋转半径和加快链球运行的方法进行旋转;旋转与旋转的衔接要连贯,旋转与最后用力要连贯,形成动作整体性,使旋转有明显的加速节奏。

4.改进和提高掷链球的完整技术

(1)教学内容:在圈内或圈外预摆两周,做旋转3圈或4圈掷链球练习;用不同重量和不同长度的链球预摆两周,做旋转3圈或4圈的掷链球练习;评定技术或测试成绩。

(2)教学提示:在完整技术的练习中,严格要求技术动作的准确性;教师要及时指出和纠正错误动作;完整技术训练应尽量在护网和投掷圈内进行;评定技术前,应提出评定的内容和标准,并预先通知学生。

二、掷链球的训练

(一)掷链球的技术训练

现代掷链球已由力量型转为速度力量型运动,要求掷链球运动员必须具有很强的加速能力、控制快速旋转所产生的离心力的能力和维持身体平衡的能力。长期科学、全面、系统训练所建立的合理"技术—素质"结构模型是运动员运动潜力得以发挥的根本保障(见图5-5)。

图5-5 掷链球

1.掷链球技术训练的主要任务

(1)掌握新的掷链球技术。

(2)复习与巩固已经掌握的掷链球技术动作。

(3)发展专门快速力量素质。

2. 掷链球技术训练的原则

（1）技术训练优先。在一个训练单元中，应先进行技术训练，然后再进行其他内容的训练。

（2）适宜兴奋性。运动员兴奋性过高或过低时，不宜进行新技术学习或改进技术，否则效果将适得其反。

（3）追求正确率。在技术训练中，错误动作每多出现一次，就会被强化一次，一旦错误动作被巩固，改正它要比学习新技术难得多。

（4）长期性原则。不间断地进行投掷练习，才能不断强化已掌握的技术动作。

3. 掷链球技术训练的主要手段

（1）观看、分析及比较优秀运动员和运动员自己的投掷技术录像。

（2）专项诱导练习。专项诱导练习手段的设计都出自掷链球技术动作的某一单个基本动作，从动作结构上看与基本动作几乎相同。

（3）分解技术和完整技术的模仿练习。

（4）用加力帮助的形式强化运动员的投掷感觉。

（5）念动训练。头脑中经常回想正确投掷技术的过程，有助于技术动作的掌握和巩固。

（6）学习专项技术理论。掌握专项知识越多，就越容易理解投掷技术的内涵。

4. 掷链球技术训练的实施

（1）技术训练在整个掷链球训练过程中的地位上，不同年龄、不同运动水平的运动员，在不同时期所进行的掷链球技术训练，其占比也不同。

①投掷技术训练在小周期中的地位：世界优秀运动员一般在一周中有两次以上的技术训练课。近些年来，国内外许多掷链球运动员都喜欢采用将技术训练总量分摊在一周中数次训练课中（有的是每天都有）的方法。这样既可以保证完成大周期所要求的很高的投掷总数，又可以保证投掷中的强度和质量。

②投掷技术训练在大周期中的地位：技术训练所占的比重在各阶段的训练中是不一样的，一般在准备期和竞赛期最多，过渡期最少。高校学生的训练以身体训练为主，技术训练的比重相对少得多，一般只占训练总量的15%~20%。

（2）技术训练的负荷与安排。投掷强度的大小是和训练任务相关联的，当训练任务是要改进技术或学习新技术时，在学习和技术模仿阶段，一般采用小强度；进入掷链球技术改进阶段后以中等强度较为合适。据科学研究，大脑中枢神经兴奋性过高或过低都不利于学习掌握或改进技术动作。一旦技术被基本掌握，就应马上采用大强度投掷。这是为了发现学习中隐藏的问题，同时还可以体验新动作中肌肉的用力感觉。如果发现技术出现错误，则可将强度再次降低。当投掷任务是要发展投掷专项能力或进行赛前适应训练时，应加大投掷强度。

（二）掷链球的素质训练

掷链球运动员的素质训练包括一般素质训练、专项素质训练和心理素质训练。

1. 一般素质训练

根据掷链球运动员掌握先进技术及达到高水平运动成绩的需要，把运动素质分成力量、速度、耐力、柔韧素质、协调性等。

（1）力量训练。掷链球运动员的力量十分重要，特别是下肢的支撑力量和腰部及扭转躯干的大肌肉群的力量，以及直臂抛掷的肩末节力量。力量素质是一般素质的一个重要组成部分。

发展不同类型力量的具体手段：①以发展一般力量为主的练习手段，如抓举、卧推、高提、高翻、全蹲、半蹲、身体扭转力量的负重练习等；②以发展启动力量为主的练习手段，如加速跑、阻力跑、负重跑、跳跃、各种重量的器械投掷等；③以发展快速力量为主的练习手段，如轻重器械的投掷技术练习，轻杠铃练习等；④以发展爆发力为主的练习手段，如立定跳远、跳高、负重跳、专项技能器械等。力量训练的关键在于使获得的基本力量及时、高比例地转化为专项能力，这就需要一般练习与专项技能练习，专项技能与小力量练习，以及轻、重器械多种技能的练习方法的相互配合。

（2）速度训练。速度是决定掷链球成绩的关键。在练习时，除了看形成完整技术结构的速度，还要看部分技术的动作速度。如用杠铃片转体，用 10 kg 重量比用 20 kg 重量做得更快一些，就能发展动作速度。年轻运动员和高水平的运动员都应多做拉橡皮带快速左右转体的练习，一组做 7~8 次，这对改进转 4 圈加速能力的效果很好，可以使髋转上去。

（3）耐力训练。掷链球运动员的耐力也是非常重要的。一般耐力如长时间的慢跑、球类活动等，有助于提高内脏器官的功能，有利于做较多次数的投掷，以及在大强度的投球之后不气喘。掷链球运动员应重视耐力训练，1~2 周应安排一次不少于 2 000 m 的慢跑，而且在跑的时间上也要有适当的要求。

（4）柔韧素质、协调性训练。掷链球运动员柔韧素质训练的重点是肩关节、肘关节和腰部的转体幅度。掷链球运动员的柔韧素质练习绝大多数是在力量练习中进行的，如双手持杠铃片做抢摆练习、抱重物左右转体、吊环悬垂转髋抢摆双腿、前后分腿下蹲转体90°起立等。

协调性训练要使运动中枢在完成某一动作时的泛化范围尽量缩小，并逐渐形成各种连锁条件反射，从而达到动作的高度协调。

2. 专项素质训练

专项素质主要通过专门投掷练习来提高。常用的投掷器材有重3 kg、4 kg、5 kg、6 kg、8 kg、10 kg的链球，以及不同长度链子的链球，其投掷的技术要求与专项技术一样。在训练安排上主要用两翼带中间的办法，例如要提高掷7 kg球的水平，则用掷6 kg球发展速度，用掷8 kg球提高力量。可安排先掷7 kg球，然后掷6 kg球，最后掷重球。

采用不同长度链子的链球，主要是让运动员用不同的旋转半径来控制旋转角速度。控制动作的能力是掷链球运动员很重要的一种专项素质。它与协调性密切相关，但又不同于协调性，比如做一般投掷练习时，想用力投，就要能投远；要投准就投准。控制动作的能力主要通过技术复杂的练习和专门投掷能力来培养。通过投掷3~6 kg的轻球，提高在高速旋转中控制技术的能力，通过投掷重球提高在较大阻力情况下控制技术的能力。运动员还要锻炼在不同体力情况下调整技术的本领，具有善于在不同比赛条件下的应变能力。运动员控制动作的能力，会直接影响竞技状态的发挥，同时又是直接衡量教学和训练效果的一个重要指标，所以要重视这一能力的培养。

3. 心理素质训练

一个优秀的掷链球运动员，除了要有良好的技术和身体素质外，还必须具备良好的心理素质，如能够自我暗示、自我平衡，有坚强的意志和毅力，在恶劣的比赛环境中能自我调整，即对客观环境的适应和在困难复杂情况下能正常发挥技术。这些心理素质，必须在训练中才能形成。掷链球的训练，除培养运动员热爱自己从事的专项之外，还要进行大量枯燥的力量训练，这就要求运动员具有自觉克服困难的毅力和吃苦耐劳的高尚品质，这都要在平常的训练中有目的地进行培养。

在平时训练中，要培养运动员认真对待每一次投掷，每一个练习，养成高度的自觉性和责任心。要求运动员有意识地克服激动、急躁、发怒、示弱、慌张等情绪。

参考文献

[1] 王林:《竞走:现代竞走技术与训练》,北京,北京体育大学出版社2010年版。
[2] 苏海滨:《田径运动项目训练原理与方法探析》,成都,电子科技大学出版社2016年版。
[3] 王平:《现代田径运动竞训发展探究》,长春,东北师范大学出版社2013年版。
[4] 杨丹:《田径运动文化探索与实践》,沈阳,辽宁大学出版社2017年版。
[5] 杨军、丹娟:《中国田径运动发展研究》,开封,河南大学出版社2018年版。
[6] 张先锋:《田径运动训练理论与实践》,长春,东北师范大学出版社2012年版。
[7] 钟卫刚、陶宝峰、庞志斌:《田径运动的科学性探析》,长春,吉林大学出版社2013年版。
[8] 付爽、马志洋、吴永:《现代田径运动理论与竞训研究》,北京,九州出版社2016年版。
[9] 袁作生、南仲喜:《现代田径运动科学训练法》,北京,人民体育出版社1997年版。
[10] 石玉琴:《运动生物力学研究方法与实验》,成都,西南财经大学出版社1994年版。
[11] 文超:《田径运动高级教程》,北京,人民体育出版社1994年版。
[12] 文超:《田径热点论》,北京,人民体育出版社1996年版。
[13] 周兵:《田径健身教程》,北京,高等教育出版社2001年版。
[14] 过家兴、延锋:《青少年业余训练》,北京,北京体育学院出版社1986年版。
[15] 浦钧宗:《优秀运动员机能评定手册》,北京,人民体育出版社1989年版。
[16] 孟刚:《田径》,北京,北京师范大学出版社2011年版。
[17] 樊临虎:《体育教学论》,北京,人民体育出版社2005年版。
[18] 盛群力、李志强:《现代教学设计论》,杭州,浙江教育出版社1998年版。
[19] 刘亚云:《现代田径运动训练手段与方法》,长沙,湖南师范大学出版社2001年版。

[20] 张英波:《现代田径运动训练方法》,北京,北京体育大学出版社 2005 年版。
[21] 马明彩、熊西北:《田径运动技术教学与方法:中级教程》,北京,北京体育大学出版社 2006 年版。
[22] 田麦久:《论运动训练计划》,北京,北京体育大学出版社 1999 年版。
[23] 胡亦海:《竞技运动训练理论与方法》,武汉,湖北人民出版社 2005 年版。
[24] 车保仁:《田径》,北京,高等教育出版社 2000 年版。
[25] 田麦久:《运动训练学》,北京,人民体育出版社 2000 年版。
[26] 茅鹏:《运动训练新思路》,北京,人民体育出版社 1994 年版。
[27] 陈小蓉:《体育创新学》,上海,同济大学出版社 1994 年版。
[28] 唐思宗:《身体训练学》,成都,成都科技大学出版社 1992 年版。
[29] 田麦久、武福全:《运动训练科学化探索》,北京,人民体育出版社 1988 年版。
[30] 李响:《运动技能迁移在田径教学与训练中的运用》,《当代体育科技》2022 年第 27 期。
[31] 白亮:《大学体育田径教学训练量与训练强度研究》,《江西电力职业技术学院学报》2022 年第 3 期。
[32] 桑梦礼:《高校体育田径教学训练量与训练强度的提升探析》,《江西电力职业技术学院学报》2022 年第 2 期。
[33] 胡宏升:《高校体育田径教学中体能训练的重要性及对策分析》,《当代体育科技》2021 年第 28 期。
[34] 苑泹铖:《高校田径教学中体能训练分析》,《黑龙江工业学院学报（综合版）》2021 年第 8 期。
[35] 张建梅:《高校田径教学中体能训练的要点探析》,《当代体育科技》2021 年第 11 期。
[36] 崔一超:《体育教学中田径训练强度及训练量探究》,《田径》2020 年第 12 期。
[37] 张建新:《高校田径项目常见的体能训练措施探讨》,《当代体育科技》2020 年第 16 期。
[38] 张雪婷:《田径投掷项目教学与训练方向研究》,《当代体育科技》2020 年第 14 期。
[39] 毕冠:《探讨高校田径教学训练量与训练强度》,《当代体育科技》2020 年第 8 期。
[40] 殷国龙:《高校田径项目教学与训练中体能训练存在的问题与对策》,《佳木斯

职业学院学报》2019 年第 11 期。

[41] 王维兴:《高校体育田径教学训练量与训练强度分析》,《田径》2019 年第 8 期。

[42] 李祥:《高校田径项目教学与训练中体能训练存在的问题与对策》,《国际公关》2019 年第 7 期。

[43] 张琴:《高校田径教学与训练方法论述》,《才智》2019 年第 19 期。

[44] 龚俊峰:《田径教学中控制训练强度的方法研究》,《运动》2019 年第 2 期。

[45] 陈广森:《高校田径教学与训练方法探讨》,《宿州教育学院学报》2018 年第 2 期。

[46] 严麦雄:《高校体育田径教学训练量与训练强度分析》,《纳税》2017 年第 35 期。

[47] 王筱松:《高校田径教学与训练方法的分析》,《佳木斯职业学院学报》2017 年第 12 期。

[48] 段婧、李季:《田径挺身式跳远教学与训练发展趋势的研究》,《运动》2016 年第 24 期。

[49] 刘少华:《体育教学中田径训练强度与训练量的影响因素与对策》,《西部素质教育》2016 年第 4 期。

[50] 顾群:《体育教学中田径训练强度与训练量》,《亚太教育》2015 年第 21 期。

[51] 周斌:《高校田径教学与训练方法研究》,《青少年体育》2015 年第 5 期。

[52] 董燕:《田径教学训练效率的提高研究》,《品牌》2014 年第 2 期。

[53] 李保忠、李焕宇、李晓岩:《浅谈田径教学与训练中的心理训练方法》,《职业技术》2011 年第 7 期。

[54] 姚保兰:《浅探田径教学与业余训练中的灵敏素质发展》,《科技信息》2010 年第 32 期。

[55] 吴进新:《田径教学与训练中运用迁移规律的思考》,《榆林学院学报》2010 年第 4 期。

[56] 张振:《现代田径运动教学与训练的发展趋势》,《山西师大体育学院学报》2005 年第 2 期。

[57] 邱宏大:《对田径教学与训练中运用专门性练习的思考》,《哈尔滨体育学院学报》2005 年第 2 期。

[58] 周新华、李超红:《协调能力的训练及在田径教学中的作用》,《郴州师范高等专科学校学报》1998 年第 4 期。

[59] 陈嘉堃:《中国田径不惧挑战更高难度》,《北京日报》2022 年 9 月 10 日第 7 版。

[60] 刘硕阳:《当海风吹拂过田径赛场》,《人民日报》2022 年 8 月 15 日第 15 版。

[61] 张宽:《中国田径任重道远》,《吉林日报》2022 年 8 月 2 日第 12 版。

[62] 李中文:《中国田径：理想与现实的冲撞》,《人民日报》2000 年 12 月 13 日第 8 版。

[63] 仇建辉、马晶:《中国田径在奋进中突破》,《解放军报》2022 年 7 月 27 日第 9 版。

[64] 左翰嫡、刘廷飞、瞿芃:《田径赛场追梦人》,《中国纪检监察报》2022 年 7 月 18 日第 4 版。

[65] 曾诗阳:《"春雨"润色中国田径》,《经济日报》2021 年 8 月 24 日第 3 版。

[66] 赵晓展:《突破！中国田径"力"从何来》,《工人日报》2021 年 8 月 9 日第 8 版。

[67] 刘颖余:《田径之美与体育之变》,《工人日报》2015 年 8 月 28 日第 3 版。

[68] 王东:《田径的魅力》,《光明日报》2015 年 8 月 23 日第 4 版。

[69] 李中文:《中国田径负重前行》,《人民日报》2002 年 7 月 15 日。

[70] 刘硕阳:《在稚嫩心田播撒运动种子》,《人民日报》2022 年 6 月 9 日第 18 版。

[71] 李君红:《中国田径差在训练方法上》,《深圳商报》2001 年 3 月 21 日第 A12 版。

[72] 运动科学:《美国顶级田径训练计划（400 米）》,2022 年 1 月,知乎（https://zhuanlan.zhihu.com/p/458546326）。

[73] E 体教:《田径训练"五字诀"》,2019 年 1 月,知乎（https://zhuanlan.zhihu.com/p/113629349）。

[74] William A.Pitney,"Work–Life Balance Research in Athletic Training:Perspectives on Future Directions",*Journal of athletic training* Vol.3,2022.

[75] Singe Stephanie M, Eason Christianne M,"Prioritizing the Vitality of the Athletic Training Profession",*Journal of athletic training* Vol.3,2022.

[76] Xiang Li,"Research on Application of Physical Training in Middle School Amateur Track and Field Training",*Frontiers in Sport Research* Vol.7,2022.

[77] Kipnis Daniel G., Adriani Lisa A., Kolbin Ronda I.,"Academic Libraries and Athletic Training:Research Preferences of Athletic Training Students",*Medical*

Reference Services Quarterly Vol.1,2022.

[78] Tsukahara Yuka Kamada，Torit Hiroshi T，Suguru T，et al，"Controlling Behavior, Sex Bias and Coaching Success in Japanese Track and Field"，*Sports* Vol.2,2023.